DATE DUE

PRINTED IN U.S.A.

¿Cómo vender por eBay?

Manuel Carlos de la Huerga i Aliño

© Bagatelas.es, 2014

2ª edición

ISBN: 9781500712433

Impreso en: / Printed in: Charleston, SC, USA

Acerca del autor

Manuel Carlos de la Huerga i Aliño *@MCdelahuerga* cuenta con más de 6 años de experiencia en el mundo del Comercio electrónico y actualmente dirige su propia tienda en eBay Bagatelas.

Bagatelas *@Bagatelas_es* fue la primera tienda en eBay en ofrecer rollos de plástico de burbuja para embalar en formato de 3, 10 y 20 metros frente a los de 60 metros que se vendían. De esta forma los clientes ya no tenían que comprar los grandes rollos si necesitaban plástico de embalaje.

Hoy Bagatelas ofrece, además de los rollos de plásticos de embalar, productos de tecnología como ratones, teclados, cargadores para móviles e incluso fundas.

Manuel Carlos escribe artículos sobre comercio electrónico, estrategias de comunicación y marketing online en el blog colaborativo espaciosblog.com donde artículo tras artículo plasma una mezcla entre su formación *(estrategias de comunicación y marketing 2.0 por la Unión de Trabajadores y Profesionales Autónomos **UPTA**)* y su experiencia en el mundo del comercio electrónico y las redes sociales.

Además es el Secretario General de la Asociación de Profesionales y Técnicos Dominicanos en España **ASOPROTEC** *www.asoprotec.org,* en donde tratan de crear valor y proyección de la comunidad Dominicana en España a través de su revista *"Profesionales Dominicanos"* y de sus Congresos Internacionales celebrados una vez al año.

Agradecimientos

En primer lugar quisiera agradecer a mi familia por que siempre se han sacrificado para impulsarme a lo más alto. Y a los amigos por hacer de psicólogos en momentos difíciles. Sin vuestro cariño y apoyo este proyecto no sería una realidad.

Por otra parte quisiera agradecer a Maylén Susaña y todos los que forman parte de ASOPROTEC por su trabajo incansable para dejar bien en alto la imagen de la comunidad de Profesionales y Técnicos Dominicanos en España.

Por último, al equipo de la editorial *Create Space* por darme la oportunidad y las herramientas necesarias para publicar esta guía.

Índice

Introducción

La siguiente guía tiene por objetivo apoyar a los usuarios que están dando sus primeros pasos en el mundo del comercio electrónico, especialmente, quienes quieren empezar a vender por eBay.

Por otra parte también ayudará a mejorar las **técnicas** de cualquier usuario que ya posea conocimientos en cuanto a comercio electrónico se refiere, pretendiendo ser una guía de consulta en donde obtener información, trucos y técnicas relacionados con la publicación y venta de productos en eBay.

El comercio electrónico es un mercado emergente en el que los usuarios pueden adquirir y pagar productos desde la comodidad de su hogar. El vertiginoso ritmo de vida, el estrés y la falta de tiempo hace que cada vez sean más los usuarios que optan por comprar por internet.

Lejos de una moda pasajera o de un evento puntual las cifras del comercio electrónico se superan a sí mismas año tras año haciendo que para el 2020 se prevea que serán 5 veces mayores que actualmente en el 2014.

eBay es uno de los mejores mercadillos virtuales por donde puedes empezar a vender esos productos que fabricas o que puedes conseguir, esos detalles artesanales o quizás aquellas cosas que ya no necesitas. Te dan un procedimiento y unas reglas del juego, además de visibilidad en sus categorías y correos electrónicos.

¿Vender por mi web o vender por eBay? Porque elegir una de las dos si puedes tener ambas trabajando para ti. A fin de cuentas son canales de venta que se complementan.

En esta guía describo todo el proceso de venta desde que te das de alta en eBay y en Pay Pal hasta que el artículo le llega a tu cliente. Lo he dividido en 3 bloques: La pre-venta, la venta y la post-venta.

En el bloque de pre-venta empezamos con lo básico, registrarte en eBay/Pay Pal vincular cuentas bancarias, de Pay Pal y de eBay, así como lo que nos vamos a encontrar a la hora de publicar nuestros anuncios y este bloque concluye con información sobre las tiendas en eBay.

En el segundo bloque relativo a la venta le dedicamos un capítulo a las acciones de marketing, en especial a las redes sociales que serán uno de los pilares de nuestro negocio, aunque no es el único ni el principal; seguimos con el capítulo sobre el Calendario del vendedor en donde brevemente se explica cómo trabajar algunas fechas fundamentales, crear las propias o jugar con algunas que no son tan conocidas.

Quisiera destacar en este segundo bloque los capítulos sobre los perfiles de vendedor y comprador, en ellos enumero algunas de las principales cualidades que se les atribuyen tanto a un buen vendedor como a un comprador.

¿Un buen vendedor nace o se hace? Se forja. Al igual que la espada que el herrero modela un vendedor tiene que trabajar en las distintas áreas ya que son sus herramientas de trabajo. También debe conocer en profundidad a quien le va a vender y evolucionar al ritmo que evolucionen las necesidades y gustos de sus clientes.

El último bloque de la guía trata sobre la post-venta. En la primera parte del libro ya vimos como registrarnos en eBay, ya vimos como publicamos un artículo incluso como lo vendemos, por lo que con este capítulo concluimos contestando a las preguntas de ¿Cómo funciona el sistema de votos? ¿Qué pasa una vez que vendemos un artículo? ¿Cómo resolver un problema con un comprador? ¿Cómo gestionamos una devolución?

Capítulo 1
Registrarte en eBay, paso a paso.

El portal ebay es un mercadillo virtual (marketplace) que funciona como una red social de compra y venta de productos. Consagrado como punto de encuentro entre compradores y vendedores basado en la confianza y en la reputación tanto de vendedores y compradores mediante un sistema de valoración de cada transacción o conjunto de transacciones.

En el 2013 facturó más de 16 mil millones de €, un 14% más que en el año 2012. Resultados empujados por ir siempre a la vanguardia del comercio electrónico lanzando ese mismo año la aplicación de ebay para móviles que supusieron el 40% de las transacciones llevadas a término.

Para registrar una cuenta en ebay puede hacerlo siguiendo los pasos que detallamos a continuación:

- Primero, Encienda su ordenador y abra su navegador habitual.
- **Luego e**scriba en la barra de direcciones http://www.ebay.es

Debajo de la barra de direcciones verá el texto bienvenido. Y a continuación Identifícate o regístrate:

Hacemos clic en *"Regístrate"* y nos llevará al formulario para registrarnos en ebay como particulares (cuenta personal) o como empresa si así lo queremos, rellenamos el formulario que más se adapte a nuestros objetivos y le damos al botón **[ENVIAR]** en el caso de cuentas particulares y el botón **[CONTINUAR]** en el caso de empresa.

Ilustración 1 Formulario de registro como empresa

Una vez completado y enviado el formulario de registro que más se adapta a lo que tenemos previsto que sea nuestra presencia en ebay (particular o empresa).

Por motivos de seguridad recibiremos un correo electrónico en el que nos piden que confirmemos el mismo, haciendo clic en un enlace.

Una vez hemos confirmado nuestra dirección de correo electrónico haciendo clic en el enlace que nos envían, estamos listos para acceder en ebay con nuestro usuario y contraseña.

Podemos acceder visitando http://www.ebay.es y haciendo clic, de ahora en adelante en "*Identifícate*" porque ya tenemos cuenta en eBay.

Una vez hacemos clic en "*identifícate*" nos aparecerá la siguiente pantalla de acceso en el que pondremos nuestro seudónimo o nuestra dirección de correo electrónico en el primer campo y la contraseña que hemos elegido en el segundo campo, tras rellenar ambos campo con nuestros datos de acceso pulsamos el botón **[IDENTIFÍCATE]**.

Una vez accedemos a nuestra cuenta, nos encontramos con la pantalla resumen de eBay que nos muestra accesos directos a nuestras compras y ventas, así como de los artículos que estamos siguiendo o los anuncios que tenemos dados de alta.

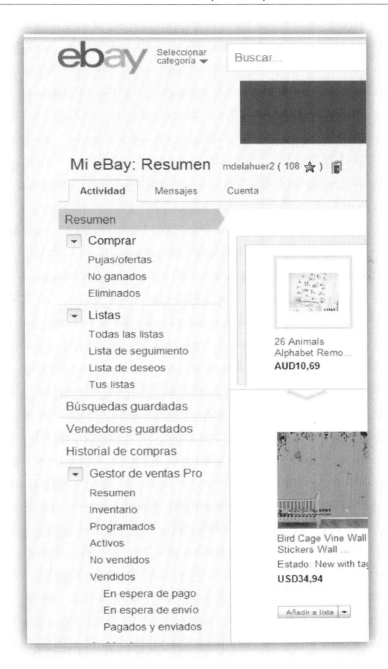

A la derecha del título *"Mi eBay:Resumen"* encontramos nuestro nombre de usuario y un número entre paréntesis con una estrella. Estos son enlaces que nos llevan a nuestro perfil de eBay y a nuestro muro de votos.

Podemos configurar nuestro perfil contándoles a nuestros clientes que vendemos, porque lo vendemos y utilizarlo para inspirar más confianza en nuestros posibles compradores.

Debajo del título *"Mi eBay: Resumen"* veremos 3 pestañas. Ya vimos lo que nos encontramos en la pestaña *"actividad"* ya que es la que aparece por defecto cuando iniciamos sesión con nuestra cuenta.

La pestaña *"Mensajes"* nos mostrará los mensajes y preguntas de los compradores y vendedores con los que realicemos transacciones, así como los mensajes y avisos de eBay.

La última pestaña de *"Cuenta"* nos mostrará distintas opciones relacionadas con nuestra cuenta de eBay y desde la cual podremos configurar las opciones que más se adapten a nuestras necesidades, tales como una respuesta automática, abrir una tienda o facilitar nuestros datos bancarios y de cobro/pago.

Capítulo 2
Registrarte en PayPal, paso a paso.

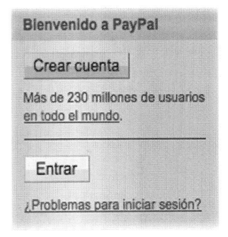

PayPal es una pasarela de pago que cuenta con más de 230 millones de usuarios en todo el mundo y es la principal forma de pago en eBay, así como una de las más seguras.

Una de las principales ventajas de usar PayPal es que para que tus clientes te paguen no es necesario que estos tengan una cuenta de PayPal, sino que pueden realizar los pagos de los pedidos que realicen mediante su tarjeta de crédito o débito de forma segura y cuyo importe aparecerá en tu cuenta.

Esta seguridad y comodidad conlleva unos gastos de una comisión fija además de una comisión variable. La comisión fija ronda en torno a 0,30€ por pago realizado y la comisión variable rondando el 4%, estas comisiones son asumidas por el vendedor, por lo tanto las paga el vendedor.

En el capítulo *"3.6 precio y otros detalles"* veremos cómo calculamos la comisión tanto de eBay como de PayPal y como diseñamos un precio de venta al público para que el producto nos salga rentable asumiendo estas comisiones.

- Primero, abra su navegador habitual y escriba en la barra de direcciones http://www.paypal.es
- Debajo de la barra de direcciones verá 2 pestañas una para particulares y otra como empresas.

- En la misma barra a la derecha veremos 2 campos para acceder a nuestra cuenta si la tenemos, y luego en azul un botón para **[CREAR CUENTA]**.

Pulsando el botón crear cuenta nos llevará a una página en la que tendremos que elegir nuestro país, el idioma en el que queremos la cuenta y 2 opciones a elegir según como queramos darnos de alta (*Particulares o Empresas*).

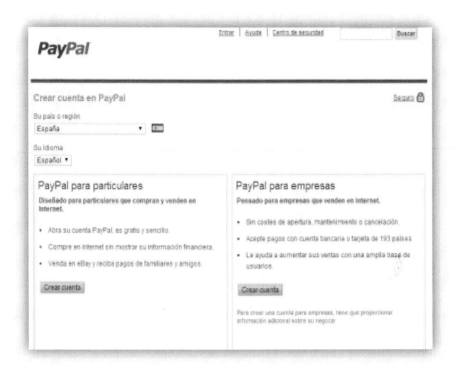

Si decidimos abrir nuestra cuenta como particulares nos aparecerá un formulario en el que se nos solicitará:

- Correo electrónico.
- Contraseña para PayPal.
- Nombres y Apellidos.
- Dirección (preferiblemente poner la de envíos).
- Código Postal
- Ciudad
- Provincia
- Teléfono
- Que aceptemos las condiciones de uso y la política de seguridad
- Pulsar el botón **[ACEPTAR Y CREAR CUENTA].**

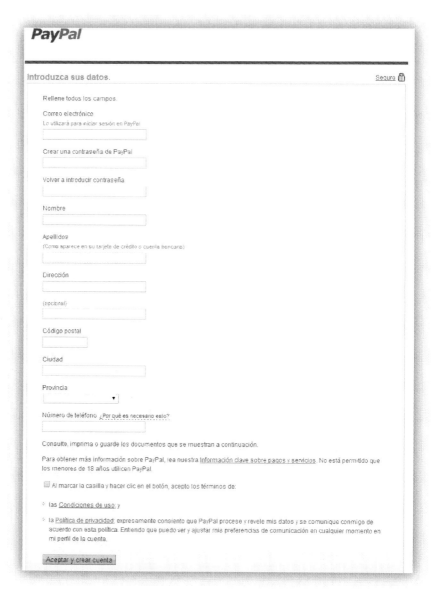

Una vez completado y enviado el formulario de registro como particulares y por motivos de seguridad recibiremos un correo electrónico en el que nos piden que confirmemos el mismo, haciendo clic en un enlace. Tras confirmar nuestra cuenta, ya tenemos cuenta en PayPal como particulares.

Si decidimos abrir nuestra cuenta como Empresa nos aparecerá el siguiente formulario que consta de 2 partes:

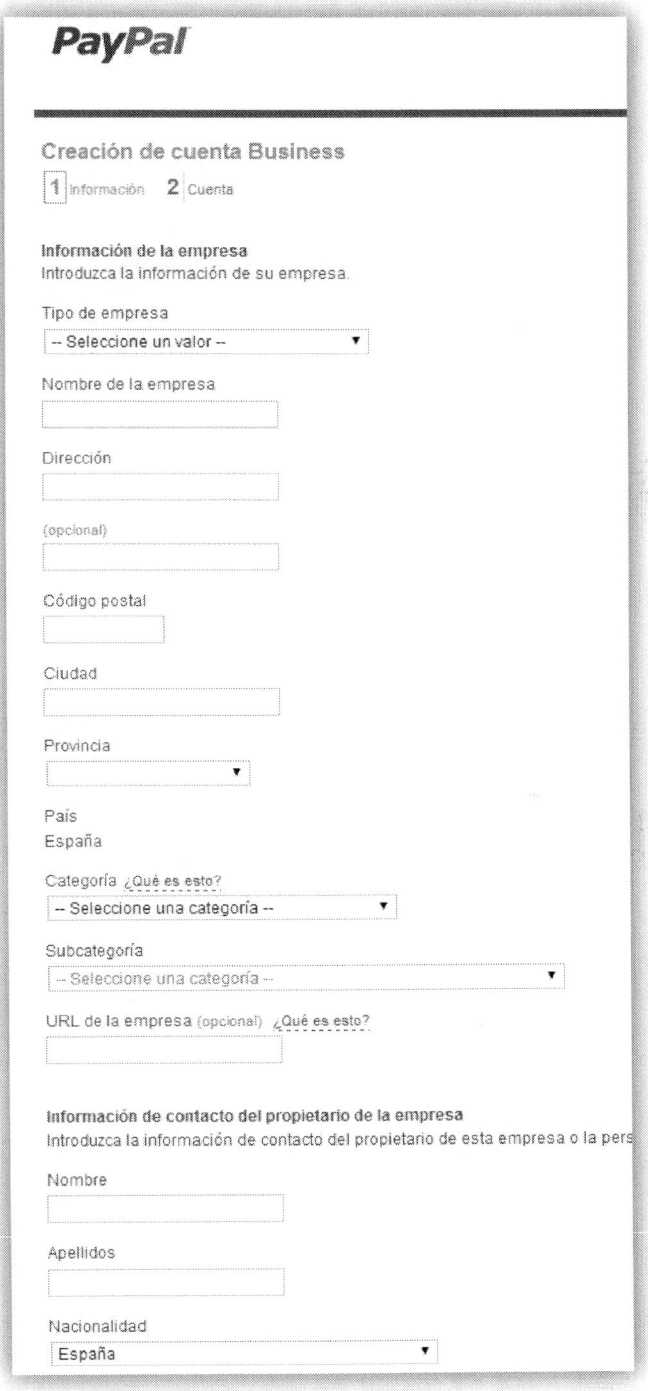

PayPal

Creación de cuenta Business

[1] Información   [2] Cuenta

Información de la empresa
Introduzca la información de su empresa.

Tipo de empresa
-- Seleccione un valor -- ▼

Nombre de la empresa

Dirección

(opcional)

Código postal

Ciudad

Provincia ▼

País
España

Categoría ¿Qué es esto?
-- Seleccione una categoría -- ▼

Subcategoría
-- Seleccione una categoría -- ▼

URL de la empresa (opcional) ¿Qué es esto?

Información de contacto del propietario de la empresa
Introduzca la información de contacto del propietario de esta empresa o la pers

Nombre

Apellidos

Nacionalidad
España ▼

Una vez completada la primera parte pulsamos el botón **[CONTINUAR]** al final de esta primera parte y rellenamos la segunda parte del formulario de registro.

Cuando hayamos completado y enviado ambos formulario de registro como empresa, por motivos de seguridad recibiremos un correo electrónico en el que nos piden que confirmemos el mismo, haciendo clic en un enlace. Tras confirmar la cuenta, ya tenemos cuenta en PayPal.

Añadir cuenta bancaria

Para retirar los fondos de lo que nos paguen los clientes así como para realizar los pagos a ebay y a los proveedores donde compremos los artículos que vamos a vender, es necesario vincular una cuenta bancaria a PayPal.

Los pasos para vincular nuestra cuenta bancaria a nuestra cuenta de Papyal es el siguiente:

- Primero, abra su navegador habitual y escriba en la barra de direcciones http://www.paypal.es
- Luego rellenamos los campos de acceso con nuestro correo electrónico y contraseña. Una vez terminado pulsamos el botón **[ENTRAR]**.

Una vez dentro seleccionamos la opción *"añadir o eliminar cuenta bancaria"* del menú *"Perfil"* tal y como aparece en la siguiente imagen.

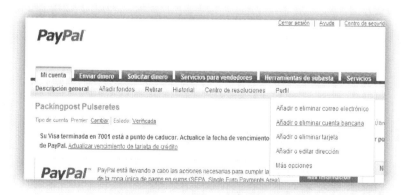

Seguiremos las instrucciones y formularios que nos requieran y procederemos a enviarlos con los datos bancarios que nos piden.

Una vez hemos enviado los datos que nos piden PayPal hará un cargo en la cuenta bancaria de la que hemos proporcionado los datos en unos 3 o 4 días máximo. Este cargo tendrá un código en el concepto, código que tendremos que introducir en un campo en PayPal por motivos de seguridad para confirmar nuestra cuenta bancaria.

Vincular las cuentas de eBay y PayPal

Vincular ambas cuentas hace que el pago de las comisiones por publicación o ventas realizadas por ebay se pague automáticamente. Además de que automatiza la forma de pago de tus productos.

Para vincular ambas cuentas debes seguir los siguientes pasos:

1. Entre en su cuenta PayPal en https://www.paypal.es/.
2. Haga clic en Perfil en la parte superior de la página.
3. Haga clic en Opciones de venta y, luego, junto a Seudónimo de eBay haga clic en Cambiar.
4. Haga clic en Añadir.
5. Introduzca su seudónimo y contraseña de eBay.
6. Haga clic en Añadir de nuevo para confirmar el cambio.

Capítulo 3
Publicar anuncios

Para publicar nuestros productos en eBay lo haremos a través de anuncios en los que podemos ofrecer uno o varios artículos iguales o con distintas variantes. Variantes tales como de talla o color...

Publicar tu anuncio en eBay hace que los usuarios de esta red social de compra y venta de artículos vea tus productos y puje por ellos o los compre directamente. eBay será tu punto de encuentro con tus compradores potenciales, pero también con tus competidores. Así que tendrás que trabajar todas las secciones de tu anuncio muy concienzudamente si quieres hacerte un hueco en el mercado.

¿Cómo vender por ebay?

Es necesario que accedamos a nuestra cuenta de ebay y pulsemos *"Vender un artículo"* del menú *"vender"* en la esquina superior derecha tal y como aparece en la siguiente imagen:

Para publicar nuestro anuncio nos va a pedir la siguiente información sobre el proceso de venta y el producto:

○ Categoría del producto que anuncia.

○ Título del producto.

○ Subtítulo del producto.

○ Características Adicionales.

○ Foto del producto.

○ Descripción del producto.

○ Tipo de anuncio: Subasta/Precio fijo

○ Precio de salida.

○ Duración del anuncio.

○ Fecha y hora de publicación.

○ Las formas de pago.

○ Los detalles del envío.

○ Requisitos para compradores.

○ La política de devoluciones.

Así que en los siguientes subcapítulos veremos cómo diseñar anuncios que venden, completando de la forma más adecuada la información que nos piden.

Capítulo 3.1.
Elegir la categoría adecuada

Lo primero que hay que saber para elegir la categoría más adecuada para nuestro anuncio es pensar como nuestro cliente. Y preguntarnos: ¿En cuál o cuáles categorías buscan mis clientes potenciales? Es necesario que realicemos una pequeña búsqueda sobre artículos idénticos o lo más idénticos posible a los nuestros y analicemos en que categorías están.

Esta búsqueda nos proporcionará información valiosa sobre en cuales categorías debemos estar presentes para aparecer más en los resultados de búsquedas por categorías, aumentado nuestra visibilidad y nuestras ventas.

Para realizar un buen estudio de categorías debes incluir la siguiente información para elegir luego que categoría se adapta más a tu producto:

- Nombre de la categoría.
- Nombre de la sub-categoría.
- Número de artículos idénticos o parecidos al que tienes previsto vender.
- Pujas de los 5 artículos que más pujas tienen.

Elegir una buena categoría para tu anuncio te permitirá aparecer en los resultados de búsqueda de tus clientes potenciales. Pero cuidado también aparecerán aquellos que venden lo mismo que tu.

Tu competencia esta a golpe de clic, por eso en los próximos capítulos veremos cómo hacer buenas fotos, buenos títulos y buenos precios para atraer a los compradores y vender.

Categoría sugerida

En el formulario *"Vende tu artículo"* ebay pone a disposición de los vendedores una herramienta de categoría sugerida en la que te recomienda categorías que otros vendedores de artículos idénticos o casi idénticos al tuyo han utilizado para anunciar sus productos.

Para utilizar esta opción puedes hacerlo de las siguientes formas:

- Escribir las palabras clave que mejor describan el artículo que quieres anunciar (por ejemplo, Piscina hinchable) en el cuadro de búsqueda "*Qué vendes*". A continuación, pulsa el botón Primera venta. Aparecerá la página *"Selecciona una categoría"*. Selecciona la categoría que mejor describa el artículo.

O también puedes:

- Escribir las palabras clave que describan el artículo (por ejemplo, marco de foto) en el cuadro de búsqueda "*Poner tu artículo en venta*" y luego pulsa el botón "*Primera venta*". Aparecerá la página "*Selecciona una categoría*". Selecciona la categoría que mejor describa el artículo.

> *Si la lista de categorías no muestra ninguna que se ajuste a lo que buscas, depura la búsqueda. Prueba a usar palabras clave adicionales o más descriptivas.*

En ambos casos: pulsa el botón **[CONTINUAR]**. La categoría se seleccionará y podrás seguir creando el anuncio.

¿Quieres llegar a más compradores? También puedes anunciar tu artículo en una *segunda categoría* mediante las categorías sugeridas o elegir tu mismo otra categoría de las que hayas investigado, sujeto a las tarifas de publicación en una segunda categoría vigentes en ese momento.

Recuerda

Seleccionar una categoría adecuada para tu artículo es tu responsabilidad. Todos los artículos se deben anunciar en las categorías adecuadas. eBay podría retirar tu anuncio si aparece en una categoría que no guarda relación con el artículo que vendes.

Categorías utilizadas anteriormente

Una vez hayas publicado uno o varios anuncios mediante el formulario *"Vende tu artículo"*, eBay guarda la/las categoría/s en que lo has anunciado para que puedas volver a seleccionarla una próxima vez. Esta opción te muestra un máximo de diez categorías utilizadas recientemente.

Si deseas cambiar la selección de categoría utilizada previamente, puedes hacerlo en el cuadro desplegable. Si lo prefieres, puedes seleccionar otra categoría.

Al poner en venta el artículo, puedes utilizar una de las categorías usadas recientemente como categoría principal o secundaria.

Una vez seleccionada una categoría utilizada anteriormente, es posible que las opciones disponibles para la segunda categoría hayan cambiado. Ya que no puedes poner un artículo dos veces en venta en la misma categoría; por ello, eBay elimina de forma automática la categoría que has seleccionado previamente de la lista de segundas categorías disponibles.

Consejos para búsquedas

Aquí encontrarás algunos consejos para búsquedas que te permitirán buscar de forma más eficiente y encontrar las mejores categorías para tus artículos.

- Utiliza palabras concretas en lugar de generales. Si buscas Aspirador de mano ultra plus 2000 obtendrás resultados más precisos que si buscas Aspirador.

- Ten cuidado al utilizar "*y*", "*o*" y "*el/la*" ya que el motor de búsqueda de eBay busca "*y*", "*o*" y "*el/la*" como si se tratara de cualquier otra palabra. Utiliza "*y*", "*o*" y "*el/la*" sólo si buscas artículos cuyo nombre las contiene (por ejemplo, Mortadelo y Filemón, o Alaska y los Pegamoides).

- No busques mediante el nombre de una categoría. Si buscas un nombre de categoría (como Coleccionables) se realizará una búsqueda de los artículos, no de las categorías, en cuyo título el vendedor haya incluido la palabra "*coleccionables*".

Puedes acceder a las categorías pulsando el desplegable **[SELECCIONAR CATEGORÍA]** disponible entre el logotipo de eBay y el cuadro de búsqueda como se muestra en la siguiente imagen:

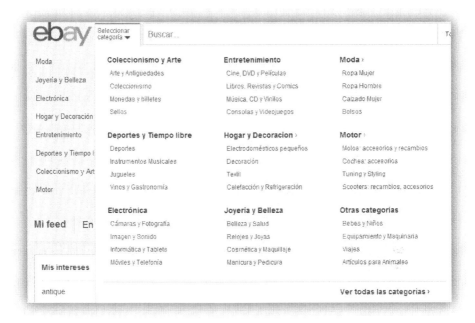

Puede acceder a las subcategorías pulsando encima de cualquier categoría y aparecerán en la columna izquierda como se muestra en la siguiente imagen:

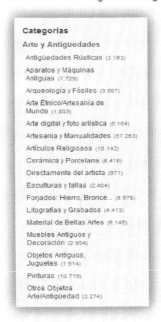

Capítulo 3.2.
Títulos y características

En el siguiente capítulo veremos los distintos consejos que debemos conocer para diseñar títulos que venden. Así como aquellos elementos que tiene un buen título y los detalles que debemos evitar en el mismo.

Es importante saber que cuando nuestros clientes realizan una búsqueda y nuestro anuncio aparece dentro de sus resultados, sólo decidirá si nuestro anuncio es de su interés o no mediante la foto, el título y el precio. Es por eso que debemos poner especial cuidado en el título de nuestro anuncio.

En el capítulo anterior veíamos la importancia de elegir una buena categoría y cómo vamos a aparecer en la búsqueda por categorías, con nuestra competencia a golpe de clic, por lo que tendremos sólo 3 ganchos para atraer a nuestro cliente potencial: La foto, el título y el precio. Como aparece en la siguiente imagen:

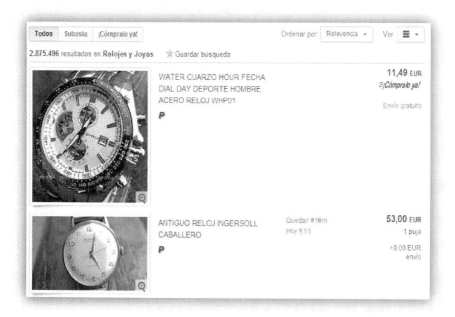

Diseñar un buen título es una de las tres variables que influye en causar una impresión decisiva en quien te va a comprar en tan solo 80 caracteres. 80 caracteres que resultan ser la mitad de un SMS y poco más de la mitad de un tuit. En donde tienes el reto de seducir al comprador interesado para que visite tu anuncio.

¿Qué elementos tiene un buen título?

- Palabras clave descriptivas para expresar de forma clara y precisa lo que vas a vender. Tienes disponibles ochenta caracteres, pero no es necesario que los utilices todos.

- Nombre de la marca, artista o diseñador del producto.

- Características específicas del artículo, tales como: tamaño, color, estado, número de modelo, entre otros...

¿Qué debemos evitar en el título?

- **Evita el uso de signos de puntuación y asteriscos.**
- Evita palabras como "fantástico" o "mira".
- **Evita las faltas de ortografía.**
- Evita utilizar demasiadas siglas.
- **Evita escribir todo en mayúsculas.**
- Evita información falsa o confusa.
- **Evita incluir webs, emails, teléfonos...**
- Evita el lenguaje irreverente u obsceno.
- **Evita las siguientes palabras con la intención de promocionar o hacer publicidad del artículo: Prohibido, Censurado, Ilegal, Clandestino.**
- Evita el "spam de palabras clave". Usar nombres de marcas distintas de la utilizada por la empresa fabricante o productora del artículo que pones en venta.

Capítulo 3.3.
Una buena foto...

En pasos anteriores veíamos la importancia de un buen título y cómo vamos a aparecer en la búsqueda por categorías, con nuestra competencia a golpe de clic, por lo que tendremos sólo 3 ganchos para atraer a nuestro cliente potencial: La foto, el título y el precio.

Una de las principales barreras que presenta el comercio electrónico frente al comercio tradicional es la de que el cliente no puede ver ni tocar lo que está comprando, por lo que nuestro reto consiste en suplir esta necesidad con la mejor foto de nuestro producto y una descripción atractiva y detallada del mismo.

Una foto oscura, borrosa o de baja calidad puede ser la principal razón de que no logremos vender nuestro producto.

Las fotos también se pueden modificar con un editor de fotos que nos permita contrastar los colores, iluminar, saturar los colores pasteles o aplicarle una sombra paralela. Pero en ningún caso podemos desvirtuar la imagen ya que si editamos la foto puede resultar engañoso y traernos problemas con los clientes.

La técnica de "*Sombra paralela*" es una de las que se ha aplicado a la foto de una cámara que ilustra este sub-capítulo en la página 33. A su vez mediante contraste se ha podido destacar el blanco de la marca y por saturación se destaca el gris que contiene el modelo de la cámara en la zona superior derecha de la imagen.

Consejos para sacar fotos que venden

- Fondo blanco para la mayoría de los artículos.
- **Fondo de color liso para aquellos artículos cuyas fotos queremos editar.**
- Fondo pasteles para los productos muy blancos o de contorno blanco, de los que queremos destacar el blanco.
- **Luz natural.**
- Buen enfoque.
- **Alta Calidad.**

Capítulo 3.4.
Una descripción que vende

Uno de los principales problemas del comercio electrónico es que el cliente no puede ver ni tocar lo que está comprando por lo que la descripción debe suplir este hueco enumerando las características del producto que quieres vender. Además da un plus de confianza enumerar las formas de pago, así como las formas de envío.

Una descripción que genera ventas es aquella que de una forma clara, concisa y organizada destaca las características de nuestro producto. Respondiendo a las preguntas que pueda generar el anuncio.

Ponte en el lugar de tus clientes: ¿Qué querrías saber del producto para comprarlo?, ¿Cuáles son sus características más atractivas?, ¿Qué tipo de embalaje incluye?, De comprarlo ahora ¿Cuándo lo recibe?

Consejos para una descripción que vende

- **Empieza por los detalles más importantes.**
- Incluye información específica como: Tamaño, forma, color, antigüedad, fabricación, autor, artista, compañía, características significativas, marcas, modelo.
- **Menciona el estado del artículo: Nuevo, de segunda mano, dentro de la garantía...**
- ¿Tiene algún defecto?
- **¿Lo has reparado?**
- Detalles sobre el embalaje*.
- **Plazo de entrega, una vez realizado el pago.**
- Amenizar la lectura de la descripción.
- **Un párrafo final sobre el porqué lo vendes, ¿cómo lo fabricas? o una anécdota sobre el producto le da un toque humano al anuncio y hace que aumente las ventas.**

Cuando hablamos sobre los detalles del embalaje nos referimos a cómo será enviado el producto. Si se envía en plástico de burbuja, en caja, en ambas o mediante un servicio de paquetería especial para cristales y productos frágiles.

Para amenizar la lectura solo hace falta organizar en párrafos, listas o viñetas la información que queremos destacar. Para ello utilizamos los recursos que nos ofrece el editor de texto de eBay dentro del formulario *"Vender un artículo"*.

A continuación pondré la misma descripción, en el ejemplo 1 sin amenizar y en el ejemplo 2 amenizada. ¿Cuál se lee más fácil? ¿Cuál te resulta más atractivo?

Ejemplo 1 sin amenizar

¿Vendes online? Protege tus productos con plástico de burbuja para que lleguen en perfecto estado a tus clientes Rollo de plástico de burbuja para embalaje de 10 Metros x 50 Centímetros para garantizar la protección de sus productos al enviarlos. Otras medidas: 3 metros: http://cgi.ebay.es/ws/eBayISAPI.dll?ViewItem&item=321209455712 6 metros: http://cgi.ebay.es/ws/eBayISAPI.dll?ViewItem&item=321215662440 15 metros: http://cgi.ebay.es/ws/eBayISAPI.dll?ViewItem&item=321209457742 20 metros: http://cgi.ebay.es/ws/eBayISAPI.dll?ViewItem&item=321207901023 40 metros: http://cgi.ebay.es/ws/eBayISAPI.dll?ViewItem&item=321210566670 60 metros: http://cgi.ebay.es/ws/eBayISAPI.dll?ViewItem&item=321210568451

Ejemplo 2 Amenizado

¿Vendes online? Protege tus productos con plástico de burbuja para que lleguen en perfecto estado a tus clientes.

Rollo de plástico de burbuja para embalaje de 10 Metros x 50 Centímetros para garantizar la protección de tus productos al enviarlos.

Otras medidas:

- 3 metros: **http://cgi.ebay.es/ws/eBayISAPI.dll?ViewItem&item=321209455712**

- 6 metros: **http://cgi.ebay.es/ws/eBayISAPI.dll?ViewItem&item=321215662440**

- 15 metros: **http://cgi.ebay.es/ws/eBayISAPI.dll?ViewItem&item=321209457742**

- 20 metros: **http://cgi.ebay.es/ws/eBayISAPI.dll?ViewItem&item=321207901023**

- 40 metros: **http://cgi.ebay.es/ws/eBayISAPI.dll?ViewItem&item=321210566670**

- 60 metros:**http://cgi.ebay.es/ws/eBayISAPI.dll?ViewItem&item=321210568451**

Qué evitar en la descripción

- **No des información falsa, engañosa o confusa.**
- Evita incluir información que no esté relacionada con el anuncio.
- **Evita las mayúsculas donde no correspondan.**
- Evita el código HTML, así como distintos tipos de letras o colores ya que puede dificultar su lectura sobretodo en dispositivos móviles.
- **Evita comentarios negativos.**
- Evita contenido prohibido o restringido.
- **Evita repetir información proporcionada en otras secciones.**
- Evita poner tu correo electrónico o enlaces a otras webs.
- **Evita copiar y pegar descripciones de sitios webs, otros anuncios de eBay, fabricante...**
- Evita las descripciones largas y letra pequeña.
- **Evita el uso de logotipo o marcas comerciales.**

Capítulo 3.5.
Tipos de anuncios

En eBay hay 2 tipos de anuncios: "*Subasta*" y "*Precio fijo*". Según el producto que pretendemos vender nos convendrá más un tipo de anuncio u otro.

El formato de anuncio "*Subasta*" está pensado para productos únicos y productos en oferta. En los anuncios de tipo "*subasta*" el cliente potencial no puede adquirir el producto de forma inmediata, a menos que le indiquemos en el formulario un precio para ello.
Los anuncios de tipo "*Subasta*" se utilizan generalmente para antigüedades y artículos de segunda mano en general, ya que al finalizar el anuncio sólo 1 comprador se hace con el artículo o lote anunciado.

El formato de anuncios "*Precio fijo*" está pensado para vender varias unidades de un mismo artículo a distintos clientes ya que a lo largo del anuncio los compradores pueden ir comprando una o varias unidades del artículo.

Los anuncios de "*Precio fijo*" se utilizan para vender productos de fabricación propia o de un fabricante. No presenta el límite de un comprador por transacción y permite la vente simultanea del mismo producto.

La duración de los anuncios la podemos elegir en la misma sección, teniendo 4 opciones: 3 días, 5 días, 7 días y 10 días. Cada artículo es distinto a otro por lo que no hay una opción que sea mejor que las demás. Así que la experiencia es la que te mostrará cuál es la que más se ajusta a lo vendes.

Duración de "30 días" y "Anuncio abierto"

Si tienes una tienda de eBay, puedes elegir 2 opciones de duración adicionales para tus anuncios de "*Precio fijo*" una de ellas es las de "*30 días*" y la otra de "*Anuncio abierto*".

La duración de "*30 días*" publica tu anuncio durante 30 días o hasta que se agoten las existencias del producto que anuncias, ya que en la opción de "*Precio fijo*" tendrás que indicar cuantas unidades tienes disponibles para vender en el campo "*Cantidad*". Cantidad que puedes modificar a lo largo de los 30 días de duración del anuncio pulsando el botón **[MODIFICA TU ARTÍCULO]** en el panel de administrador como en la siguiente imagen:

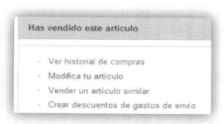

La duración de "*Anuncio abierto*" publica tu anuncio durante 30 días o hasta que se agoten las existencias del producto que anuncias, ya que en la opción de "*Precio fijo*" tendrás que indicar cuantas unidades tienes disponibles para vender en el campo "*Cantidad*". Con la particularidad que se renovará automáticamente transcurridos los 30 días, con la cantidad que se haya quedado sin vender del anuncio anterior. Cantidad que puedes modificar a lo largo del anuncio pulsando el botón **[MODIFICA TU ARTÍCULO]** en el panel de administrador como en la siguiente imagen:

Opciones del panel de administrador de tu anuncio:

[VER HISTORIAL DE COMPRAS]: Te permite consultar el historial de compras que ha tenido el anuncio desde su creación hasta la actualidad, de forma resumida y 1 línea por transacción.

[MODIFICA TU ARTÍCULO]: Además de lo que hemos visto anteriormente te permite modificar ALGUNAS de las secciones de tu anuncio. Ya que según la categoría de tu anuncio no te permitirá modificar el título, la foto incluso el precio, por lo que tendrás que publicar otro anuncio con las características que han cambiado respecto al anterior anuncio.

[VENDER UN ARTÍCULO SIMILAR]: Te enlaza con el formulario "Vender un artículo" pero con la información que has puesto sobre el anuncio del que te ha enlazado. Esta opción sirve especialmente para artículos que con características en común o simplemente usar como plantillas para nuevos anuncios.

[CREAR DESCUENTOS PARA GASTOS DE ENVÍOS]: Esta opción está pensada como una técnica de venta cruzada entre bienes complementarios. En microeconomía se conoce como bienes complementarios aquellos cuyo consumo depende el uno del otro, como el café y el azúcar, las libretas de apuntes y los bolígrafos.

Por lo tanto si vendes libretas de apuntes y vendes bolígrafos con esta opción puedes crear una atractiva oferta de descuento para gastos de envío a aquellos clientes que te compren libretas de apuntes y bolígrafos ya que en la mayoría de productos si te compran 1 unidad del producto "A" y 2 unidades del producto "B" los gastos de envío resultan iguales que si sólo te compran el producto "A". Por lo tanto generas más ventas y tu cliente ahorra en gastos de envíos.

También puede utilizarse en productos que no están relacionados entre sí aunque es más probable que si un cliente compra una libreta de apuntes, también necesite comprar bolígrafos y menos probable que necesite un teclado para ordenador.

Aunque dicho consumidor también puede utilizar pluma estilográficas o lápiz de carbón en lugar de bolígrafos. Son más aquellos consumidores de libretas de apuntes que a su vez consumen bolígrafos que los consumidores de libretas que a su vez consumen teclados.

Capítulo 3.6.
Calcular el precio

El precio de un artículo es aquel que alguien está dispuesto a pagar por él. **Un buen precio** para tus productos será el que muchos compradores estén dispuestos a pagar por ellos y a ti te resulte rentable.

Una vez llegados a este punto toca calcular el precio del producto que queremos vender. Para calcular el precio es necesario saber los costes que suponen vender un artículo por eBay y que el cliente lo reciba.

Ebay cobra una tarifa por publicación de artículos (se venda o no), una comisión por venta realizada y una suscripción por tienda virtual en Ebay (si la tienes). A su vez Paypal, cobra por cada pago recibido una comisión fija y una comisión variable. Y por último los gastos de envío que varían según la empresa de transporte que lo realiza.

Gastos y comisiones en eBay

La tarifa de publicación se corresponde con los gastos que conlleva la publicación de tu anuncio en eBay y serán las que estén vigentes en el momento de publicación de tu anuncio.

La comisión por venta realizada es un 8% del precio de venta del producto excluyendo los gastos de envío.

La suscripción de Tienda virtual en eBay incluye un paquete de publicaciones gratuitas al mes, así como una tarifa de publicación reducida en Ebay y herramientas para la comercialización e internacionalización de tus productos

En un principio recomiendo empezar por la básica y subir de nivel de suscripción a medida que aumenta tu volumen de ventas. Actualmente los precios no han variado en los últimos años y son los siguientes:

Cambiar suscripción a Tiendas: elegir nivel de suscripción

Elige tu nivel de suscripción:

✓ Tienda Básica(19,95 EUR al mes) - **suscripción actual**
Una solución sencilla, para vendedores principiantes de eBay que quieran abrir una t

◉ Tienda Avanzada (39,95 EUR al mes)
Todas las ventajas de la tienda básica más herramientas avanzadas de comercializa
y medianas empresas que desean aumentar sustancialmente sus transacciones po

◯ Tienda Premium (299,95 EUR al mes)
Todos los beneficios de una tienda básica y además, herramientas más avanzadas
☐ Únete al Programa de ventas internacionales de eBay ⑦

Comisiones en PayPal

En PayPal existen 2 comisiones por pago realizado una fija y otra variable. La parte fija son 32 céntimos de euro por cada pago que recibas. La parte variable ronda el 4% del pago recibido, porcentaje que puede disminuir aportando la documentación que PayPal requiera.

Gastos de envío

Los gastos de envío son los que estipula la tarifa de precios de la empresa con la que quieras realizar el envío. Por lo que es recomendable acudir a la misma con el producto terminado y preguntar cuánto cuesta el envío del mismo a cualquier punto de España, de Europa (si lo vendemos a Europa) y del Mundo (si lo vendemos en el mundo).

De la misma forma que existen comparadores de precios virtuales con distintas necesidades que veremos en el capítulo de *"Gastos de envío"*.

Costes por elaboración propia

Si nuestro producto es un producto que estamos revendiendo sabemos lo que nos cuesta. Pero, para calcular los costes de un producto que elaboramos nosotros es necesario valorar todo lo que nos supone fabricar el mismo:

- Materiales.
- Horas de trabajo.
- Electricidad.

Optimizar dichos costes al máximo (Si fabrico 2,5,10... a la vez) y sumarlos, y ese es el coste del producto de elaboración propia.

Consejo

Si calculas el precio de fabricar 1 será muy elevado en comparación a fabricar 10. Por lo que debes plantear cuanto es lo máximo que quieres fabricar para la prueba inicial de salir al mercado y calcules en base a esa cantidad el coste inicial.

Cálculo del Precio de Venta al Público P.V.P.

En la siguiente tabla resumimos todas las partidas a tener en cuenta para calcular el precio de venta al público de tu producto:

Coste de compra o fabricación	0,00€
Margen de beneficio (25%)	0,00€
Coste de publicación eBay	0,00€
Comisión fija PayPal (0,32€)	0,00€
SUBTOTAL 1	**0,00€**
Comisión venta realizada 8%	0,00€
SUBTOTAL 2	**0,00€**
Gastos de envío	0,00€
SUBTOTAL 3	**0,00€**
Comisión variable de PayPal (4%)	0,00€
Precio de venta sin gastos de envío	**0,00€**

El coste de compra o fabricación es lo que nos cuesta comprar o elaborar 1 unidad de lo que queremos vender. En caso de que lo compremos o fabriquemos al por mayor en lotes, por ejemplo de 10 para obtener el coste unitario dividimos el precio del conjunto entre las unidades que incluye.

$$\text{Coste de compra o fabricación} = \frac{\text{Precio del lote}}{\text{Unidades del lote}}$$

El margen de beneficio es lo que queremos obtener de la venta de cada unidad del producto. Y obtendremos multiplicando el coste por 0,(números del porcentaje de nuestro margen de beneficio).

$$\text{Margen de beneficio} = \text{Coste de compra o fabricación} * 0,25$$

El coste de publicación, es la tarifa de publicación del anuncio en Ebay. Según las tarifas vigentes en ese momento y el nivel de suscripción y cuenta que tengamos.

La comisión fija de PayPal, son los 32 céntimos que cobran de forma constante por recibir un pago por PayPal

El subtotal 1 es igual a la suma en Euros (€) del coste del producto más el margen de beneficio más el coste de publicación más la comisión fija de PayPal.

Coste de compra o fabricación

+ Margen de beneficio

+ Coste de publicación en eBay

+ Comisión fija PayPal

SUBTOTAL 1 =

La Comisión por venta realizada es el 8% del Subtotal 1. Y se obtiene multiplicando el Subtotal 1 por 0,08.

Comisión por venta realizada = SUBTOTAL 1 * 0,08

El Subtotal 2 es igual a la suma en Euros (€) del Subtotal 1 más la comisión por venta realizada.

SUBTOTAL 2 = SUBTOTAL 1 + Comisión por venta

Los gastos de envío los determina la empresa de transportes a la que hemos consultado el precio de enviar nuestro paquete.

El Subtotal 3 es igual a la suma en Euros (€) del Subtotal 2 más los gastos de envío.

$$\text{SUBTOTAL } 3 = \text{ SUBTOTAL } 2 + \text{Gastos de envío}$$

La comisión variable de PayPal es la del 4% del Sub-total 3. Y se obtiene multiplicando el Subtotal 3 por 0,04.

$$\text{Comisión variable de Paypal} = \text{SUBTOTAL } 3 * 0,04$$

El precio de venta sin gastos de envío es igual a la suma en Euros (€) del Subtotal 2 más la comisión variable de Paypal.

$$\text{Precio de venta sin Gastos de envío} = \text{SUBTOTAL } 2 + \text{Comisión variable de PayPal}$$

Se calcula de esta manera por varias razones: Primera, que en Ebay tendrás que poner por un lado el precio del producto y aparte los gastos de envío; Segunda, que Ebay no cobra la comisión de venta realizada del total, sino que sólo cobra el 8% del precio sin gastos de envío del producto; Tercera, Paypal si que te cobra su comisión variable del 4% del pago total que realiza el cliente (Precio+envío).

Ejemplo

A continuación vamos a calcular el precio de venta sin gastos de envío de un producto de 10€, cuyos gastos de envío son de 2€.

Coste de compra o fabricación	10,00€
Margen de beneficio (25%)	2,50€
Coste de publicación eBay	0,00€
Comisión fija PayPal (0,32€)	0,32€
SUB-TOTAL 1	**12,82€**
Comisión venta realizada 8%	1,02€
SUB-TOTAL 2	**13,84€**
Gastos de envío	2,00€
SUB-TOTAL 3	**15,84€**
Comisión variable de PayPal (4%)	0,63€
Precio de venta sin gastos de envío	**14,47€**

Así cuando estemos rellenando nuestro anuncio en eBay podremos poner en el precio del producto 14,47€ y en la sección de gastos de envío 2,00€.

Capítulo 3.7.
Formas de pago

Uno de los principales detalles a la hora de vender por eBay es como recibirás los pagos de tus clientes. En las compras por eBay recomiendo las siguientes formas de pago:

- PayPal
- Transferencia Fácil
- Contra-reembolso
- Transferencia Bancaria
- Otra que acuerden vendedor y comprador.

Por su comodidad y flexibilidad la forma de pago más popular para pagar tus pedidos por eBay es **PayPal**. Pasarela de pago virtual que no requiere que el comprador este registrado o tenga una cuenta en PayPal sino que puede realizar su pago introduciendo su número de tarjeta de débito o crédito.

Transferencia fácil es una opción que le permite al vendedor mostrar los datos de su cuenta bancaria para que le ingresen el pago del pedido.

Transferencia Bancaria, en esta forma de pago a diferencia de la anterior el comprador se pondrá en contacto pidiendo los datos de la cuenta bancaria donde puede realizar el pago

Contra-reembolso es una opción por la que el comprador puede realizar el pago cuando reciba el producto. Hay empresas de envíos que cobran por esta opción un sobrecargo en los gastos de envíos.

Otra que acuerden vendedor y comprador. El mundo del comercio electrónico evoluciona muy rápidamente hacia la seguridad y la comodidad por lo que siempre hay algo nuevo (una nueva pasarela de pago, portal de comercio) y como comerciantes electrónicos debemos adaptarnos a los cambios en nuestro sector, siendo flexibles a escuchar y analizar aquellas formas de pago/envío que nos propongan nuestros clientes.

Capítulo 3.8.
Envíos

Uno de los pilares fundamentales del comercio electrónico es el envío del pedido al cliente y si queremos aumentar nuestras posibilidades de venta debemos ofrecer soluciones de envío que se adapten a las necesidades de todos o la mayoría de nuestros compradores, en especial aquella que suele utilizarse en nuestro nicho de mercado.

De nada nos sirve ser los más rápidos si en nuestros productos lo que los compradores buscan es un buen precio, al igual que de nada sirve ser los más baratos si lo que buscan los compradores es rapidez en la entrega. Al igual que tampoco conviene ofrecer un complejo abanico de opciones y precios.

Ofrecer una sola opción para el envío es cosa del pasado ahora se puede ofrecer al menos 3 soluciones: La rápida, la equilibrada y la económica.

La opción de envío rápida

Para que sea un envío rápido se entiende que la entrega del pedido se realiza unas 12 - 24 horas después de haber recibido el pago del pedido. Esta opción suele ser la más cara con diferencia y hace que la venta de productos de menos de 60€ no resulte atractivo.

La opción de envío equilibrada

Para que sea un envío equilibrado se entiende que la entrega del pedido se realiza unas 24 - 48 horas después de haber recibido el pago del pedido. Esta opción suele ser la más utilizada ya que no es tan cara como la opción "*Rápida*", ni tan lenta como la opción "*Económica*" la venta de productos de menos de 20€ no resulta atractiva con esta opción.

La opción de envío económica

Para que sea un envío económico se entiende que la entrega del pedido se realiza unas 48 horas o más después de haber recibido el pago del pedido. Esta opción no es tan cara como la opción "*Rápida*" o la "*equilibrada*" y la venta de productos de menos de 20€ resulta atractiva con esta opción ya que economiza mucho el precio.

Tipos de transportistas

Cada empresa de envío ha tratado de especializarse en una forma muy específica de envío. Como el caso de *MRW* que son líderes en soluciones de envío rápidas, o el caso de *Envialia* líderes en segmentación territorial disponiendo de distintas tarifas según la ubicación del destinatario, o como *Kiala* empresa líder en la soluciones en puntos de recogida.

Como cada transportista impone sus normas y condiciones tratando de no salirse del guión establecido, es importante que estudiemos bien que opciones de envío que se utilizan habitualmente en nuestro nicho de mercado y si estas se utilizan por tradición o por necesidad. De nada nos sirve ser los más rápidos si lo que nuestros clientes necesitan es un precio bajo en el transporte. Al igual que de nada nos sirve imponer como única opción un punto de recogida de artículos muy pesados que nuestros compradores lo necesiten en casa.

Comparadores online de transportistas

Existen cada vez más comparadores online de empresas de transporte que intentan buscar un buen precio para el envío de nuestro pedido para que elijamos aquella que se ajuste más a las necesidades de nuestro cliente (Precio/tiempo).

Recomiendo para envíos nacionales a *Parcel2go P2G (p2g.com)*, aunque hay que tener en cuenta que cada transportista incluye un suplemento en sus precios normales, ya que estos precios generalmente son recogiéndolo en la puerta de tu casa y oficina y dejándolo en la puerta de tu cliente.

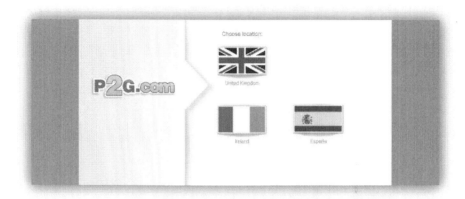

Para realizar la comparación entre los distintos transportistas incluidos ellos mismos, debemos rellenar un formulario básico con algunos datos de la transacción que queremos realizar:

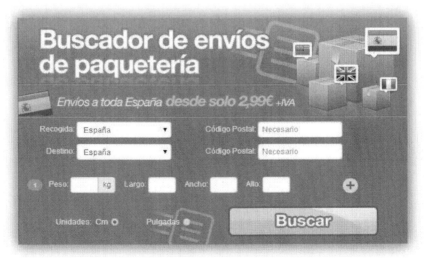

Nos pide desde donde se va a enviar y donde se va a entregar además peso y dimensiones, así como si lo que se usa en nuestro sector son las medidas en pulgadas y no en centímetros también tenemos esa opción. A continuación una imagen sobre los datos que nos piden de nuestro pedido embalado:

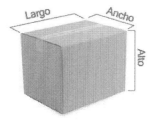

Una vez hemos rellenado el formulario básico este nos muestra una tabla con la comparación de nuestro pedido:

La primera columna pertenece a las opciones de envío rápidas, la segunda columna pertenece a las opciones de envío equilibradas y la tercera columna a las opciones de envío económicas.

A su vez te muestra cuando recogen el paquete dependiendo de la fecha en la que reserves el servicio, así como si eligiendo ese servicio necesitas impresora para las etiquetas identificativas del paquete.

Otros comparadores

Hay un comparador que logro consolidarse en el mercado como el mejor comparador de paquetería para estudiantes de Erasmus, los estudiantes de la beca Erasmus que estudian durante uno o varios años fuera del pais de origen en ocasiones necesitaban algo de casa: ropa, comida, libros... Por lo que *packlink.es* detecto este mercado y brindaba unos precios bastante buenos para los paquetes que hacian las madres a sus pequeños lejos de casa.

Por último, un comparador de envíos especializado en grandes dimensiones y transportes imposibles *uship.com/es*, que además colabora con eBay así como con otros portales similares.

Capítulo 3.9.
Más información para los compradores...

En la sección más información para los compradores, podemos dar una serie de directrices y parámetros para reforzar nuestra seguridad frente a posibles compradores fraudulentos. Yo no he tenido que utilizarlas ya que el propio sistema de eBay tiene previsto este tipo de casos y pone los obstáculos suficientes como para evitar este tipo de usuarios.

En esta misma sección debemos especificar la política de devoluciones que tendremos para nuestros artículos. Conviene consultar las regulaciones sobre comercio electrónico vigentes y sobre ellas diseñar una buena política de devoluciones.

eBay habilita una opción por la que como usuario puedes restringir la puja o la compra de un artículo o anuncio siguiendo distintos parámetros de historial negativo que tenga registrado ese usuario, como:

- Amonestaciones por artículos no pagados.
- Registro en países dentro de la lista de exclusión.
- Acusaciones de incumplimiento de políticas de EBay.
- Puntuaciones igual o menores a una cifra determinada.
- Usuarios que hayan comprado más de determinados de mis artículos en un periodo de tiempo.
- Usuarios no verificados por teléfono.

Cabe destacar que los problemas surgen cuando una de las partes no se comunica con la otra, pero, cuando es el comprador quien no se comunica con el vendedor entonces tiene:

- Un plazo determinado para pagar y/o comunicarse; de no hacerlo se abrirá un caso por impago del artículo.
- Un plazo determinado para pagar y/o dar motivos de porque no ha efectuado el pago y cuando lo hará si no eBay le recomienda hacer el pago.
- Una prorroga después de acabado el plazo para pagar o dar respuesta para llevar a cabo la transacción.
- En dado caso de que el comprador no se comunique ni dé señales de vida el vendedor cierra el caso por impago y eBay reintegra las comisiones cobradas por esa venta.

La política de devoluciones

Esta opción que es información adicional para el comprador es algunas veces un arma de doble filo, sobre todo con aquellos artículos que van por tallas tales como ropa complementos, al igual que todo aquello que sea por medidas.

En caso de aceptar devoluciones hay que dejar muy claro que se aceptan para casos de confusión, por defecto del producto y cualquier otro motivo determinado que se especifique en esta sección.

Conviene mencionar que se efectúa la devolución del importe cuando llegue el producto al vendedor y no antes.

Capítulo 4
Abrir mi tienda en eBay

Una Tienda eBay permite a un vendedor particular mostrar todos sus artículos y ofrecer más información sobre su negocio en sus propias páginas personalizadas de una forma organizada, accesible y usable.

Con una Tienda eBay, conseguirás todo lo que necesites para crear un lugar de compras donde los compradores pueden conocerte a ti y todos los productos que vendes. Recibirás potentes herramientas para diseñar tu tienda, funciones de marketing y de realización de informes, acceso exclusivo al formato de anuncios de inventario de tienda y una atención al cliente personalizada por parte del equipo de eBay. Tu tienda eBay es un escaparate exclusivo y personalizable.

Requisitos para abrir una tienda en eBay:

Tienda básica:

- Estar registrado como vendedor Empresa o particular en eBay
- Tener una cuenta vinculada a PayPal
- Ofrecer PayPal como una de las formas de pago.

Tienda Avanzada:

- Estar registrado como vendedor Empresa en eBay.
- Tener una cuenta vinculada a PayPal.
- Tener una valoración detallada como vendedor de 4,4 o más (como media de los últimos 12 meses) en cada una de las cuatro secciones.
- Debes aceptar PayPal como una de las formas de pago.

Aunque las tiendas forman parte del gran mercado de eBay, cada una de ellas es un mundo en sí misma, con presentaciones y contenido personalizados. Posibilitan a los compradores conocer mejor a los vendedores, sus políticas y los artículos que venden, con el fin de encontrar grandes oportunidades y realizar compras con conocimiento de causa.

Las tiendas de eBay permiten a los compradores realizar un seguimiento de sus vendedores favoritos. La mayoría de tus vendedores favoritos (incluidos los de renombre) disponen de Tiendas eBay, que te permiten ver todos los artículos que venden en eBay reunidos en un único sitio para tu comodidad.

Un icono de "Tienda" situado junto al seudónimo del vendedor indica que ese vendedor es propietario de una tienda eBay. Pulsa el icono si quieres dirigirte directamente a la tienda del vendedor.

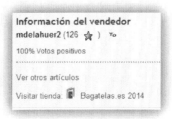

Con una Tienda eBay, el vendedor puede mostrar todos sus anuncios en el mismo sitio indiferentemente de cuál sea su formato. Los vendedores que disponen de una tienda eBay también tienen acceso a herramientas sencillas y completas que les permiten desarrollar su propia marca y animar a los visitantes a que compren más.

Primeros pasos en las Tiendas eBay

Paso 1: suscribirse a las Tiendas eBay
Paso 2: configurar y diseñar tu Tienda eBay
Paso 3: poner en venta tus artículos
Paso 4: gestionar tu Tienda eBay
Paso 5: hacer publicidad de tu Tienda eBay

Paso 1: suscribirse a las Tiendas eBay

El objetivo de una Tienda eBay es ayudar a los vendedores emprendedores a impulsar sus ventas en eBay y en Internet. La tarifa mensual te da acceso a las herramientas de las Tiendas eBay para diseñar, gestionar, promocionar y realizar un seguimiento de tu negocio.

Debes elegir un nivel de suscripción. Tu decisión depende de tus necesidades y objetivos a corto plazo. Más información sobre las ventajas de cada nivel de suscripción.
También debes elegir un nombre de tienda. El nombre que elijas determinará la dirección Web (o "dirección URL") de tu tienda.

Para registrar una Tienda eBay, ve a la página Suscribirse a tiendas: http://cgi3.ebay.es/ws/eBayISAPI.dll?ChangeProductSubscription&productId=3

Paso 2: configurar y diseñar tu Tienda eBay

El paso siguiente es configurar tu tienda, diseñarla, darle nombre y personalizarla. Si creas una tienda interesante, única y fácil de recorrer, facilitarás las compras de los visitantes y aumentarás tus probabilidades de éxito.

Consejo: para obtener consejos y hacer cambios, utiliza la herramienta Optimización rápida de la tienda de Mi eBay tras pulsar el vínculo "Gestionar Mi tienda".

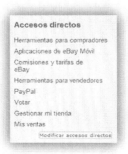

Paso 3: poner en venta tus artículos

Ahora que ya has configurado tu tienda, puedes empezar a vender. Los vendedores de Tiendas eBay disponen del formato ¡Cómpralo ya! Para crear anuncios puedes utilizar el formulario Vende tu artículo, Turbo Lister, el Gestor de ventas Pro o la herramienta de creación de anuncios que prefieras.

Paso 4: gestionar tu Tienda eBay

Una vez que has configurado la tienda y empezado a poner artículos en venta, puedes comenzar a adquirir técnicas para mejorar como vendedor. Utiliza las funciones de la tienda, como cerrar tu tienda por vacaciones o o aprende a promocionar otros artículos de tu tienda.

Paso 5: hacer publicidad de tu Tienda eBay

Despierta el interés por tu tienda: asegúrate de que los compradores la encuentran y tienen motivos para volver. Por ejemplo, puedes rebajar artículos con el Gestor de descuentos. También puedes enviar boletines de noticias por correo electrónico para destacar artículos nuevos o de temporada.

Si dedicas algo de tiempo a introducir mejoras sencillas en tu Tienda eBay, verás que empieza a destacar. Añade un logotipo, un encabezado personalizado y un área de navegación: la tienda tendrá un aspecto profesional y esmerado, y los compradores encontrarán tus artículos con más facilidad.

Cambiar el aspecto de la Tienda eBay (encabezado personalizado del anuncio)

Configura un banner de tienda eBay, denominado "encabezado de anuncio", para crear la marca de tu tienda y atraer más usuarios. El encabezado de anuncio aparece en la parte superior de la sección de descripción de todos tus anuncios.

El encabezado de anuncio incluye:

- Nombre de la tienda
- Logotipo de la tienda
- Un vínculo para que los compradores te añadan a su lista de tiendas favoritas
- Hasta 14 pestañas de categorías, cada una de las cuales mostrará hasta cinco de tus anuncios al pulsar sobre ella
- Un cuadro para buscar en tu tienda
- Un vínculo que permite a los compradores suscribirse a tus boletines de noticias
- Un mensaje de marketing que puedes personalizar para diferentes tipos de comprador

Para configurar o modificar el encabezado de anuncio personalizado:

- Pulsa el botón Mi eBay situado en la parte superior de cualquier página de eBay.
- Identifícate en eBay con tu seudónimo y contraseña.
- Pulsa el vínculo Herramientas de marketing situado en la parte izquierda de la página.
- Pulsa el vínculo Encabezado de anuncio situado en la parte izquierda de la página.
- Especifica cómo quieres que aparezca tu encabezado de anuncio personalizado.
- Pulsa el botón Aplicar para confirmar los cambios.

Personalizar tu tienda

Crear una tienda en Internet de aspecto profesional es fundamental para el éxito. Tu Tienda eBay te ofrece herramientas completas y sencillas que puedes utilizar para crear y diseñar el aspecto y contenido de tu tienda. Crea un entorno comercial que refleje la personalidad de tu negocio online y te aporte una credibilidad inmediata ante los compradores.

Configuración rápida de la tienda

Una vez suscrito a una tienda, puedes utilizar la función Configuración rápida de la tienda para diseñar su aspecto en pocos pasos. Esta función ofrece recomendaciones sobre el marketing y el diseño de la tienda inspiradas en tiendas de otros vendedores. Con sólo pulsar un botón, puedes aplicar todas las recomendaciones o adaptarlas a tus necesidades. Esta función sólo está disponible en el momento en que abres tu tienda.

Para gestionar cambios o personalizar aun más la tienda con funciones adicionales no incluidas en Configuración rápida de la tienda, utiliza la página: *"Gestionar Mi tienda de Mi eBay."*

Si no quieres usar la herramienta *"Configuración rápida de la tienda"* inmediatamente después de suscribirte a una tienda, puedes utilizar en su lugar *"Optimización rápida de la tienda."*

Optimización rápida de la tienda:

- Pulsa el botón Mi eBay de la parte superior de cualquier página de eBay.
- Identifícate en eBay con tu seudónimo y contraseña.
- Pulsa el vínculo *"Gestionar Mi tienda"* debajo de Mis suscripciones, en la parte izquierda de la página.
- Pulsa el vínculo *"Iniciar Optimización rápida de la tienda"* en "Vínculos relacionados" al final del área de navegación izquierda.

Con esta función podrás ver los nuevos consejos sobre el marketing y el diseño de tiendas.

Crear la marca de tu tienda

Para crear tu imagen de marca:

- Haz que tu tienda destaque sobre las demás.
- Utiliza colores, logotipos y gráficos que complementen lo que vendes y resalten tus puntos fuertes.
- Resalta la imagen de marca de tu tienda en todos tus contactos con los clientes. Por ejemplo, utiliza los colores y gráficos de la tienda en tus anuncios, publicidad y correos electrónicos de eBay.
- Amplía tu imagen de marca con las siguientes funciones de la tienda:

    o **Logotipo:** normalmente, un logotipo consta del nombre de la tienda y de un gráfico que simboliza sus cualidades o el tipo de artículos que vendes. Elige el logotipo en una lista de logotipos prediseñados o créalo tú mismo; también puedes optar por no usar ninguno. Asegúrate de que tu logotipo tiene un aspecto profesional; un logotipo mal diseñado puede perjudicar la imagen de la tienda.

○ **Marco de anuncios:** puedes mostrar automáticamente una versión especial del encabezado de la tienda y el área de navegación en la parte superior de todas las descripciones de los artículos. El marco de anuncios es una forma sencilla y eficaz de ayudar a los compradores a descubrir toda la gama de artículos disponible en tu tienda.

○ **Tema de la tienda:** el tema de la tienda determina los principales colores, fuentes y gráficos que aparecerán en todas las páginas de la tienda. Si no estás seguro de por dónde empezar, prueba uno de los temas prediseñados, que ya incluyen gráficos de diseño y combinaciones de colores profesionales. También puedes diseñar el tema de la tienda por tu cuenta, lo que te dará un control absoluto sobre sus elementos.

○ **Estilo del encabezado de eBay (sólo para tiendas Premium):** en tu tienda, puedes mostrar la barra de navegación estándar de eBay o una versión más pequeña, que ocupa menos espacio. Si eres nuevo en la venta por Internet, resalta tu asociación con eBay para aumentar tu credibilidad ante los compradores. Los vendedores reconocidos probablemente prefieran resaltar su marca en la página, por lo que optarán por una versión más pequeña del encabezado.

Categorías de tienda:

- Son los pasillos o estantes de tu tienda virtual. Podrás crear hasta 300 categorías y subcategorías de tienda. Cada categoría puede tener hasta tres niveles. Por ejemplo, la categoría Material deportivo puede incluir dos subcategorías: Material deportivo > Golf > Bolas.
- **Los nombres de categoría pueden tener una longitud de hasta 29 caracteres. Los nombres de las categorías personalizadas deben ser adecuados al tipo de artículos que vendes, así como descriptivos, específicos y populares; eso aumentará las posibilidades de que los compradores encuentren tus artículos.**
- También puedes elegir entre mostrar todas las categorías y subcategorías en la barra de navegación izquierda de la tienda o mostrar uno o dos niveles de categoria.

Estilo de exposición de tu tienda

- **En lista:** Este estilo es útil para mostrar listas de muchos artículos. Como cada artículo ocupa poco espacio, los compradores pueden ver más.

- **Galería de imágenes:** Este estilo dedica más espacio a cada artículo que la vista En lista porque incluye una imagen más grande. Esta opción es ideal en el caso de listas más cortas de artículos cuya imagen es muy importante.

Orden de los artículos: Puedes especificar el orden de los artículos en las categorías y los resultados de las búsquedas. Esta decisión puede influir en el comportamiento del comprador de forma sutil pero significativa. Por ejemplo, puedes ordenar los anuncios empezando por los más recientes para que los compradores visiten los últimos artículos que has puesto en venta.

Imágenes de la Galería: La imagen vende. Si un anuncio incluye una imagen de la Galería es más probable que el comprador quiera ver el artículo.

Cuadros de promociones: los cuadros de promociones se pueden utilizar para atraer el interés de los compradores y animarles a que sigan comprando, para resaltar artículos destacados o descuentos, para animar a los compradores a que se suscriban a tu boletín de noticias, y para mucho más. También ofrecen otro medio para que los compradores visiten tu tienda.

Transmitir el mensaje deseado

Para reforzar tu marca de tienda, destacar artículos seleccionados o informar de tus políticas a los compradores, considera la posibilidad de utilizar estos recursos:

Información adicional del encabezado: Añade más texto e imágenes al encabezado de tu tienda, que aparecerá en todas sus páginas, para aumentar la visibilidad de tus nuevos artículos y de los que ya tienes en venta. Además, es una forma excelente de informar a los compradores sobre promociones o especialidades de tu tienda, comunicarles las últimas noticias (como que estás de vacaciones) y cualquier otra información relevante.

Páginas personalizadas: Una página personalizada se puede utilizar para crear una portada única o páginas especiales que detallen las políticas de tu tienda, ofrezcan guías de tallas y mucho más. Por ejemplo, si los compradores expresan interés en saber cómo se fabrican o dónde se han adquirido los artículos de una categoría específica, crea una página personalizada con esa información.

Rebajar artículos de tienda con el Gestor de descuentos

Los descuentos son una forma eficaz de promocionar los anuncios de subasta, Precio fijo e Inventario de tienda de tu tienda. Puedes crear descuentos de temporada, para fiestas o categorías específicas, o simplemente para liquidar inventario. Los descuentos promocionan tu tienda, ya que crean expectación y animan a los compradores a visitarla y comprar.

Determinar los descuentos

Puedes descontar un porcentaje o una cantidad de dinero específica de los anuncios. Por ejemplo, en un anuncio con un precio de 10 € puedes descontar un 20% o 2 €. En ambos casos, el precio del artículo bajará a 8 €. (Nota: el mínimo de descuento aplicable es un 5% para todos los artículos).

> - No se pueden aplicar descuentos de precio a los anuncios de subasta. No obstante, el envío gratuito se puede aplicar a todo tipo de anuncios: Precio fijo, Inventario de tienda y subasta.

El precio descontado del anuncio aparecerá como precio *¡Cómpralo ya!* en las áreas del sitio en que suelan aparecer tus anuncios. Además, los descuentos se mostrarán a los compradores en un formato especial (con el precio tachado ~~10€~~ y el descuento calculado) en las siguientes áreas:

- Páginas de los artículos
- Promociones cruzadas en las páginas de los artículos
- Resultados de búsqueda en las tiendas
- Mis seguimientos
- Mensaje de aviso de finalización de Mis seguimientos
- Cuadros de promociones de tiendas
- Marketing por correo electrónico del vendedor

Los compradores verán que tus anuncios ofrecen envío gratuito en las áreas siguientes:

- Páginas de los artículos
- Mis seguimientos
- Mensaje de aviso de finalización de Mis seguimientos
- Crear y gestionar descuentos en el Gestor de descuentos
- Puedes crear y ver los descuentos programados, activos e inactivos de tu tienda en el Gestor de descuentos. Puedes programar los descuentos para una fecha posterior o reprogramarlos una vez hayan terminado.

Para **crear descuentos** en el Gestor de descuentos:

- Ve a Mi eBay e identifícate si es necesario.
- Pulsa el vínculo "Herramientas de marketing" de la parte izquierda de la página.
- Pulsa el vínculo "Gestor de descuentos" de la parte izquierda de la página.
- Pulsa el botón Crear descuento.
- Una vez creado correctamente el descuento, se te enviará un mensaje de confirmación.
- Para modificar descuentos en el Gestor de descuentos:

- Ve a Mi eBay e identifícate si es necesario.
- Pulsa el vínculo "Herramientas de marketing" de la parte izquierda de la página.
- Pulsa el vínculo "Gestor de descuentos" de la parte izquierda de la página.
- Consulta los descuentos y pulsa el nombre del que quieras modificar.
- Promocionar los descuentos

Puedes promocionar el descuento enviando correos electrónicos personalizados a los suscriptores del boletín de tu tienda. El número de correos electrónicos que puedes enviar y la frecuencia con que puedes hacerlo dependen de los límites de tu suscripción y de otras políticas de eBay.

Mensaje de correo electrónico promocional en el Gestor de descuentos

En la sección "Promociona el descuento", se seleccionará automáticamente tu primera lista de correo, si no quieres enviar correos electrónicos para promocionar el descuento, quita la marca de la casilla de esa lista

Se enviará un correo electrónico puntual a las listas de correo el día y hora para los que se ha programado el descuento. El vínculo **"Modifica tu correo electrónico"** te permite modificar los campos de texto Asunto y Mensaje de tus correos electrónicos. Podrás modificar los correos electrónicos promocionales hasta el momento en que empiece a aplicarse el descuento.

...Una vez que entre en vigor el descuento, la sección *"Promociona el descuento"* desaparecerá de la página *"Modificar descuento"* del Gestor. Si no tienes ninguna lista de correo, la sección *"Promociona el descuento"* no aparecerá en la página "Crear descuento" del Gestor...

Reglas del Gestor de descuentos

- Si modificas el precio de un artículo en la página Modificar mi artículo, dicho artículo se eliminará del descuento.
- El descuento mínimo es del 5% del precio original del artículo.
- Si modificas los gastos de envío de un artículo en la página Modificar mi artículo, dicho artículo se eliminará del descuento.
- La mayoría de los descuentos se procesarán en 1 minuto o menos. No obstante, en raras ocasiones, el proceso puede llevar hasta 6 horas.
- Los descuentos pueden durar un mínimo y un máximo de tiempo. Un descuento no puede durar más de 14 días ni menos de 1. La duración mínima entre descuentos es de 1 día.

- Los descuentos de envío gratuito de los anuncios de subasta no tienen fecha de finalización. Los descuentos de los anuncios de subasta siguen siendo válidos hasta que finaliza el anuncio.
- Si el anuncio ya está rebajado, no podrás aplicar otro descuento. Por ejemplo, si el anuncio tiene un descuento en el precio, no podrás añadir el envío gratuito.
- Si tienes anuncios en múltiples divisas y decides descontar una cantidad (no un porcentaje), el descuento se aplicará en la divisa de los anuncios; no se convertirá. Por ejemplo, un descuento introducido como "5" será de 5 € en anuncios de la Unión Europea.
- Puedes programar descuentos con una antelación de hasta seis meses. eBay guardará su información durante un máximo de 15 meses desde la fecha de finalización.
- Si un anuncio de subasta ya tiene pujas, no podrás añadir ni quitar el descuento de envío gratuito.

Límites de los descuentos en el Gestor de descuentos:

- El número de anuncios que se pueden modificar en un día es de 50 para tiendas básicas y 110 para tiendas Premium. Las modificaciones incluyen la programación, modificación o adición de anuncios a un descuento.

- La duración máxima de un descuento de precio o de envío gratuito para los anuncios de Precio fijo e Inventario de tienda es de 14 días, y la mínima de 1. Los descuentos de envío gratuito de los anuncios de subasta siguen siendo válidos hasta que finaliza el anuncio. Un anuncio sólo puede pertenecer a un descuento activo al mismo tiempo, aunque puede estar incluido en varios descuentos programados o inactivos. Debe pasar al menos 1 día entre los descuentos de un anuncio en concreto.

- Si aceptas Mejores ofertas por un artículo al que has aplicado un descuento en el Gestor de descuentos, no podrás responder a las ofertas automáticamente. Cuando se ponga a la venta el artículo, tendrás que revisar todas las mejores ofertas individualmente.

Usar marketing por correo electrónico

Con el marketing por correo electrónico, los compradores interesados se pueden suscribir a una o varias de tus listas de correo añadiéndote a su lista de vendedores guardados o pulsando el vínculo *"Suscribirse al boletín de la tienda"* en la portada de tu tienda. Mediante nuestras herramientas de diseño de correo electrónico, puedes crear boletines que promocionen tu tienda y enviarlos a los miembros de tus listas de correo. Incluso puedes crear boletines que se envíen automáticamente y con regularidad, como un boletín semanal que promocione tus anuncios más recientes.

Crear y gestionar listas de correo

Para que veas cómo funciona, hemos creado una lista de correo estándar llamada *"Artículos interesantes"*. Puedes conservar esta lista de correo (o cambiarle el nombre) y añadir hasta cuatro listas más. Considera la posibilidad de crear listas de correo dirigidas a distintos tipos de intereses o promociones. Por ejemplo, podrías tener una lista de correo "DVD", una lista "Libros" y otra lista "Notificaciones de venta".

La página de Marketing por correo electrónico muestra un resumen de tus listas de correo, con la cantidad de suscriptores por listas y en total. Para acceder:

- Ve a eBay.
- Desplaza el cursor sobre la pestaña de Mi cuenta hasta que aparezca el menú desplegable de *"Herramientas de Marketing"*.
- Pulsa el enlace *"Marketing por correo electrónico"*.
- Cómo gestionar las listas de correo
- Crear nuevas listas de correo
- Pulsa el botón Crear lista de correo.

Cambiar el nombre de una lista de correo:

- Pulsa el vínculo *"Modificar"* junto al nombre de la lista de correo.
- Eliminar una lista de correo
- Pulsa el vínculo *"Eliminar"* junto al nombre de la lista de correo.
- Importante: si eliminas una lista de correo, se anulará de forma irreversible la suscripción de los suscriptores actuales. Si eliminas todas las listas de correo, los compradores no podrán suscribirse a tus boletines en la página *"Añadir a vendedores guardados"*.

Ver la lista de suscriptores

Pulsa el vínculo *"Total de suscriptores"* o bien *"Listas de suscriptores"* en la parte izquierda de la página Marketing por correo electrónico. Al ver las listas de suscriptores, puedes ver los seudónimos de éstos (pero no los nombres ni las direcciones de correo electrónico) y la fecha en que se suscribieron. Puedes ordenar por la columna *"Fecha de suscripción"* para realizar un seguimiento del número de suscripciones.

Bloquear suscriptores no deseados

Pulsa el vínculo *"Total de suscriptores"*. Selecciona los suscriptores que desees bloquear y pulsa el botón Bloquear compradores en la parte inferior de la página. Importante: al bloquear compradores en tus listas de correo, también los añades a tu lista de pujadores y compradores bloqueados, lo que evitará que compren tus artículos o pujen por ellos.

Diseñar un boletín de correo electrónico

Las herramientas de diseño que pone a disposición de los vendedores eBay te ayudan a crear un boletín de correo electrónico mediante diversas plantillas. Según la plantilla que selecciones, se añadirá texto predeterminado e incluso artículos destacados de tu tienda. Puedes cambiar cualquier aspecto del correo electrónico o aceptar los valores predeterminados.

Para diseñar un boletín de correo electrónico:

1. Ve a eBay.
2. Desplaza el cursor sobre la pestaña de Mi cuenta hasta que aparezca el menú desplegable de *"Herramientas de Marketing"*.
3. Pulsa el enlace *"Marketing por correo electrónico"*.
4. Pulsa el botón Crear correo electrónico.
5. Selecciona la plantilla de correo electrónico y el diseño general. Puedes elegir entre varias plantillas, como Bienvenido, Primeros en finalizar, Anuncios más recientes (opción predeterminada), Compra anterior o Personalizada (crea tu propio diseño y contenido).
6. Personaliza tu correo electrónico cambiando las opciones y el contenido estándar según sea necesario.

Vende más personalizando el correo electrónico

Asunto: Introduce el asunto de tu correo electrónico o utiliza el asunto que aparece en la plantilla. En el mensaje resultante, el asunto aparecerá tras el texto *"Correo electrónico de vendedor de eBay:"*, en la línea Asunto.

Encabezado: Al igual que con los anuncios de eBay, también puedes incluir el encabezado de anuncio de tienda en el correo electrónico. El encabezado aparece en la parte superior del mensaje y contiene el logotipo y el nombre de la tienda, así como vínculos a tus categorías y páginas. Las barras de navegación de la izquierda no aparecerán en el correo electrónico.

Mensaje personal: Incluye tu propio mensaje o utiliza el mensaje estándar que viene con la plantilla de correo electrónico. Puedes introducir hasta 96 KB de contenido, con tags HTML de Tienda eBay e imágenes alojadas en eBay.

Escaparate de artículos: Para destacar ciertos artículos mediante fotos grandes en el correo electrónico, utiliza la opción de escaparate de artículos. Puedes elegir los artículos de forma manual o automática (según los criterios que indiques).

Lista de artículos: La lista de artículos muestra los artículos en una lista normal, similar a como se muestran los resultados de búsqueda cuando los compradores buscan un artículo. Puedes mostrar hasta 50 artículos. Los artículos se seleccionan de forma automática según los criterios que especifiques.

Mostrar el perfil de votos: El correo electrónico puede incluir un vínculo a tu página Perfil de votos. Esta opción deja que imprimas el sello de confianza y que tus futuros clientes lean lo que tus clientes dicen de ti.

Frecuencia: Puedes hacer que el boletín se envíe automáticamente de forma periódica (cada semana, cada dos semanas, cada mes o cada ocho semanas) y seleccionar qué día de la semana se debe enviar.

Consejo: es más probable que los suscriptores lean el boletín los **martes y los miércoles.**

Consejo: si alguna vez has creado un correo electrónico especialmente eficaz o no quieres partir de cero, pulsa el vínculo "Duplicar" que figura en la página Correos electrónicos o Ver correos electrónicos. Los datos del mensaje anterior aparecerán de forma predeterminada en la página "Crear correo electrónico", donde podrás modificarlos. Los anuncios finalizados desde que se creó el correo anterior ya no estarán disponibles, pero todos los demás datos (destinatarios, asunto y mensaje personalizado) serán idénticos.

Seleccionar destinatarios

Puedes elegir los destinatarios del mensaje seleccionando una o varias de las listas de correo. Para darte una idea de la cantidad de mensajes que se enviarán, cada lista de correo muestra también su número de suscriptores. Como los compradores se pueden suscribir a más de una lista de correo, el número total de destinatarios puede ser menor que el número total de suscriptores de esas listas. Sólo enviaremos un mensaje por suscriptor, independientemente de la cantidad de listas a las que pertenezca.

Aviso: si has enviado un mensaje a una de tus listas de correo en los últimos siete días, la casilla de esa lista estará inactiva, por lo que no podrás seleccionarla. Una vez transcurridos los siete días, la casilla volverá a estar activa y podrás seleccionar la lista de nuevo.

Para reducir la lista de destinatarios:

- Selecciona el número mínimo de compras que tiene que haber realizado un suscriptor para que se le envíe un correo electrónico.

- Pulsa el vínculo *"Mostrar opciones avanzadas"* y selecciona las opciones adicionales. Puedes limitar tu lista de destinatarios según la antigüedad de suscripción y la actividad de correo electrónico hasta el momento del suscriptor, por ejemplo, sólo *"personas que han recibido y abierto un correo electrónico tuyo en el pasado"*.

Nota: Para atraer a los compradores y proteger la relación comercial, asegúrate de que el contenido de los mensajes se ajusta a los intereses de la lista de correo. Si el texto principal del mensaje y el asunto no coinciden, los compradores pueden sentirse desorientados y pensar que les has enviado un mensaje no solicitado (SPAM). **Crear valor** con tus correos electrónicos es lo que te permitirá mantener el interés de tus clientes en tu tienda.

Tarifa de mensajes

La suscripción de tu tienda incluye un cierto número de mensajes gratis por mes.

Nivel de suscripción	Mensajes gratis por mes	Coste adicional por destinatario (superado los mensajes gratuitos)
Tienda básica	5000 mensajes	0,01 euros por mensaje
Tienda Avanzada	10000 mensajes	0,01 euros por mensaje

Estado de un boletín de correo electrónico

Los boletines de correo electrónico se envían con el intervalo que indiques. Los correos que se deban enviar inmediatamente pueden tardar hasta cuatro horas en entregarse. Recibirás una copia gratuita de tu mensaje una vez se haya entregado a los destinatarios.

Para comprobar el estado de los mensajes, visita la página Marketing por correo electrónico:

- Los correos electrónicos programados se muestran en la sección Correos electrónicos pendientes.
- Los correos electrónicos que están en proceso de envío se muestran en la sección Correos electrónicos enviados con el estado *"Enviando"*.
- Los correos electrónicos que se han distribuido a los destinatarios se muestran en la sección Correos electrónicos enviados con el estado *"Enviado"*.

- Si tu correo electrónico ha sido bloqueado porque puede contener virus, aparece en la sección Correos electrónicos enviados con el estado *"Error (amenaza de virus)"*.

Atraer más suscriptores

Una vez creadas las listas de correo, debes animar a los compradores a que se suscriban. Los compradores pueden suscribirse añadiéndote a su lista de vendedores guardados o pulsando el vínculo *"Suscribirse al boletín de la tienda"*. Para atraer a más suscriptores, considera la opción de añadir un cuadro de promoción *"Suscripción al boletín"* en tu tienda.

¿Qué **NO** incluir en el correo electrónico que envíes?

- Ofertas para vender artículos fuera de eBay
- Números de teléfono ni direcciones de correo electrónico
- Vínculos ni imágenes de artículos que no están en una página de eBay
- Más de 100 tags HTML de eBay
- JavaScript ni ningún otro código ejecutable

Cuadros de promociones en tu tienda

Puedes crear cuadros de promociones para las páginas de tu tienda. Estas pantallas flexibles y personalizables se pueden destinar a muchos propósitos, como destacar artículos en portada, anunciar ofertas especiales o proporcionar a los compradores otras opciones de búsqueda en tu tienda.

Cómo crear cuadros de promociones

Hay dos formas de crear y gestionar cuadros de promociones en tu tienda:

1. Configuración rápida

Para tu comodidad, puedes usar cuadros de promociones prediseñados que aparecerán en todas las páginas de las categorías de la tienda. Es una forma rápida de aprender más sobre cómo crear cuadros de promociones y colocarlos por toda la tienda.

- Pulsa el botón *Mi eBay* de la parte superior de cualquier página de eBay.
- Identifícate en eBay con tu seudónimo y contraseña.
- Pulsa el vínculo *"Gestionar Mi tienda"* del área de navegación de la izquierda.
- Pulsa el vínculo *"Cuadros de promociones"* a la izquierda.
- Pulsa el vínculo *"Configuración paso a paso"*.

2. Crear y gestionar cuadros de promociones

Es fácil crear y ver cuadros de promociones en la tienda. Los cuadros se agrupan según el tipo de página en que aparecen. También puedes duplicar cuadros de promociones existentes, así como eliminarlos permanentemente o desactivarlos. Puedes reutilizar los cuadros de promociones inactivos más adelante indicando la ubicación en que deseas que aparezcan. Para crear cuadros de promociones:

- Pulsa el botón *Mi eBay* de la parte superior de cualquier página de eBay.
- Identifícate en eBay con tu seudónimo y contraseña.
- Pulsa el vínculo *"Gestionar Mi tienda"* del área de navegación de la izquierda.
- Pulsa el vínculo *"Cuadros de promociones"* a la izquierda.
- Pulsa el botón *"Crear nuevo cuadro de promociones"*

Nota: para insertar un cuadro de promociones en una página personalizada, selecciona el diseño del cuadro en el momento de crear la página.

Usar un cuadro de promociones ya creado

Puedes incluir cualquier cuadro que hayas creado (incluso si está "inactivo"), en tus páginas personalizadas HTML o en cualquier página de tu tienda en la que insertes código HTML. Sólo tienes que utilizar el siguiente código:

{eBayPromo id="promotion box administrative name"}

Puedes colocar cuadros de promociones en casi todas las páginas de tu tienda: en las páginas de categorías personalizadas, páginas personalizadas, portada de la tienda, etc.

Los cuadros de promociones se pueden mostrar en dos lugares de la página:

- **En la parte superior** (debajo del encabezado y encima de la lista de artículos): se pueden incluir dos cuadros de promociones, en la parte superior izquierda y superior derecha de la página, respectivamente. O bien, ambos espacios se pueden unir y utilizarse para un único cuadro de promoción de grandes dimensiones. Puedes colocar varios cuadros de promociones en cada página de categoría personalizada y en la página "Todos los artículos" (portada predeterminada).

- **Debajo de la barra de navegación izquierda:** en esta área pueden aparecer dos cuadros de promociones, uno superior y otro inferior. Puedes personalizar los cuadros que aparecen en la barra de navegación izquierda del mismo modo que los que aparecen al principio de la página. A nivel de página. De igual forma, la configuración de cualquier cuadro de promociones se aplica a todas las páginas de las categorías inferiores, a menos que indiques cuadros distintos para éstas.

Tipos de cuadros de promociones

Puedes elegir entre distintos tipos de cuadros de promociones, cada uno con funciones y usos distintos:

- *Anunciar artículos específicos:* Destaca uno o más artículos de tu tienda. Puedes mostrar los artículos publicados más recientemente o que finalizarán pronto. También puedes elegir artículos manualmente o permitir que eBay ponga en portada artículos de forma automática.

Muestra los artículos mediante uno de los siguientes tipos de vista:

- o **Galería:** un vínculo de anuncio que aparece con el título e imagen de un artículo
- o **En lista:** dos vínculos de anuncio que aparecen en el cuadro de promociones como títulos de artículo
- o **Cuenta atrás:** cuenta atrás animada para crear expectación por la subasta y los anuncios de precio fijo
- o **Presentación animada:** imágenes de varios artículos que giran continuamente
- o **Escaparate de artículos:** hasta cuatro artículos que aparecen como imágenes de la galería en un único cuadro de promociones extra ancho

- *Vínculos a otras partes de la tienda:* Crea un cuadro de promociones con vínculos que ofrezcan a los compradores otras opciones de búsqueda de artículos en la tienda. Los vínculos personalizados pueden enlazarse con una categoría de tienda, una página personalizada de la tienda, otra página Web de eBay o una página con resultados de búsqueda personalizados.

Asimismo, puedes incluir gráficos o imágenes que el comprador puede pulsar para acceder a estas otras páginas. Selecciona gráficos prediseñados o incluye tus propios diseños. Los gráficos que no se ajusten a las dimensiones estándar en una ubicación se reajustarán para encajar.

- *Diseña tu propio cuadro de promociones:* Crea un cuadro de promociones totalmente personalizable para mostrar la información que desees (datos de pago y envío, vínculos a la página de suscripción a tu boletín u otra información útil).

- *Gráficos:* También puedes crear un cuadro de promociones único introduciendo tu propio código HTML. El tamaño y límite de caracteres recomendado varía según la ubicación.

Nombres de los cuadros de promociones

Cuando creas un cuadro de promoción, debes asignarle un nombre único. Este nombre permanece oculto a los compradores; sirve, únicamente, para ayudarte a realizar un seguimiento y mantener un control sobre tus cuadros de promociones.

Colores de los cuadros de promociones

Los colores predeterminados de los cuadros de promociones varían dependiendo de los colores que hayas elegido para el tema de tu tienda. No obstante, siempre puedes personalizar tus cuadros de promociones.

Cerrar tu tienda por vacaciones

¿Te vas de vacaciones? Puedes cambiar configuración del cierre de tu tienda para asegurarte de que los compradores no quedan insatisfechos por tener que esperar mucho tiempo para recibir tus artículos.

Cuando actives la opción de cierre por vacaciones, mostraremos un mensaje en tus anuncios para informar a tus compradores de que te has ausentado. También puedes insertar un mensaje personalizado en la portada de tu tienda.

Configuración de cierre por vacaciones de tu tienda:

- o Para activar la opción de cierre por vacaciones de tu tienda:
- o Pulsa la pestaña Mensajes en Mi eBay.
- o Selecciona el vínculo Cambiar configuración en la parte superior derecha de la página.
- o En la sección Configuración de cierre por vacaciones de la tienda, selecciona Activar.
- o Si quieres ocultar tus anuncios de precio fijo durante tu ausencia, selecciona Ocultar mis anuncios de precio fijo.
- o Si deseas mostrar la fecha de tu regreso a los compradores, selecciona Mostrar la fecha de mi regreso, e introduce la fecha en cuestión en el campo correspondiente.
- o En la sección Mensaje para mostrar en la portada de mi tienda, adapta a tu gusto el texto que se muestra automáticamente.
- o Pulsa el botón **Aplicar**.

Nota: Durante el tiempo que esta configuración esté activada se te seguirán cargando las tarifas y comisiones habituales, por ejemplo, la tarifa de suscripción a tienda de eBay y las tarifas relacionadas con tus anuncios. La configuración permanecerá activa hasta que vuelvas a la página de configuración de las vacaciones y la desactives.

Si eliges esta opción, todos tus anuncios con formato *¡Cómpralo ya!* de tienda se ocultarán para que los compradores no los vean en tu tienda, ni aparezcan en los resultados de búsquedas, promociones cruzadas u otras páginas de eBay. De esta forma, evitarás que los compradores tengan una experiencia de compra negativa, especialmente en el caso de que compren un artículo y tengan que esperar más de lo normal a que se lo envíes. Además, con esta opción reducirás las posibilidades de recibir votos negativos.

Para desactivar la configuración de cierre por vacaciones:

o   Pulsa la pestaña Mensajes en Mi eBay.
o   Selecciona el vínculo Cambiar configuración en la parte superior derecha de la página.
o   En la sección Configuración de cierre por vacaciones de la tienda, selecciona Desactivar.
o   Pulsa el botón Aplicar.
o   Hacer inaccesibles tus anuncios de precio fijo

Más cosas que deberás tener en cuenta sobre esta opción:

Sólo se ocultarán los anuncios con formato *¡Cómpralo ya!* Los demás formatos de eBay permanecerán visibles para los compradores. Los compradores que hayan adquirido alguno de los artículos de estos anuncios, podrán seguir viéndolos y los compradores que hayan añadido uno de tus anuncios a su lista de seguimiento seguirán pudiendo comprarlos.

Si has seleccionado la opción de pago inmediato en tus anuncios, los compradores seguirán pudiendo comprar los artículos. El resto de las características de tus anuncios de tienda permanecerán iguales, excepto que se ocultarán a los compradores y éstos no podrán comprarlos. Por ejemplo, los anuncios podrán caducar si no se ha programado su renovación o puesta en venta de forma automática.

Los artículos *¡Cómpralo ya!* de tienda permanecerán ocultos hasta que desactives esta opción en la página de configuración de cierre por vacaciones. A pesar de que las páginas de los anuncios dejarán de estar visibles casi de forma inmediata, los títulos seguirán apareciendo en las búsquedas durante unos minutos, así como en las categorías durante algunas horas más.

Mostrar un mensaje de cierre por vacaciones en tu tienda

Si eliges esta opción, aparecerá un mensaje en las páginas de tu tienda para informar a los compradores de que vas a estar de vacaciones. El mensaje aparecerá debajo del encabezado personalizado, si dispones de uno, y no afectará al texto que hayas incluido en el mismo. Puedes usar un mensaje de cierre por vacaciones automático proporcionado por eBay o crear uno tú mismo. No se permite el uso de código HTML ni de etiquetas de script.

Enviar un mensaje de ausencia

Si vas a irte de vacaciones o no piensas mirar tu correo electrónico durante un cierto periodo de tiempo, usa el mensaje de ausencia para informar a las personas que intenten contactar contigo de que no vas a responder hasta tu vuelta. Si creas un mensaje de ausencia, se responderá con esa notificación a todos los mensajes que recibas.

Capítulo 5
Marketing

Una vez has dado de alta tus artículos en eBay llega la segunda fase que es la venta. eBay es el punto de encuentro entre millones de compradores y vendedores en todo el mundo, pero no por eso debemos dejar todo el peso de la venta de nuestros productos en sus manos.

Es por ello que en este capítulo veremos cómo diseñar y ejecutar una buena estrategia de marketing para nuestro negocio tanto online como offline, para aumentar nuestras ventas y conversiones.

Aunque nuestro negocio sea online, nuestra estrategia de marketing no puede basarse solo en acciones web, nuestra estrategia de marketing debe ser una mezcla de acciones offline y online.

Las redes sociales están muy bien pero no son el único canal de venta disponible. Existen más canales de marketing para hacer llegar nuestro negocio como el marketing por correo electrónico o el buzoneo.

El buzoneo: Si nos ponemos en el lugar del cliente, una de las formas de venta menos intrusivas es la del buzoneo, ya que no es tan inoportuno como la puerta fría y el telemarketing. Digamos que el cliente recibe en su buzón el tríptico de tu negocio y de interesarle puede verlo en el momento que considere oportuno y las veces que quiera.

El marketing por correo electrónico: Más que para captar nuevos clientes, esta acción de marketing resulta más efectiva para fidelizarlos, para que un cliente que ya ha comprado vuelva a comprar. Esquivar ser calificados de SPAM por parte del correo electrónico de nuestro cliente y atraer con nuestras ofertas a que repita son los principales retos de esta acción.

Acciones enfocadas al "boca a oido": Estas acciones de marketing son aquellas enfocadas a que nuestros clientes nos recomienden con sus círculos de confianza. He podido ver iniciativas de este tipo muy sutiles como enviar un cupón para sus próximas compras para el cliente o un/a amigo/a hasta bastante directas como trae a un amigo y consigue 5€ de descuento en tu próxima compra. Este tipo de acciones requiere una gran satisfacción por parte del cliente ya que un cliente insatisfecho no te recomendará por muy alta que sea la recompensa.

Redes sociales: Las redes sociales sin lugar a dudas han transformado los hábitos de comportamiento y comunicación de muchas personas, entre ellos, la mayoría de los compradores 2.0. Lejos de ser una moda pasajera han demostrado con los años que han llegado para quedarse, aunque si quieres tener un negocio rentable, este no puede ser tu único canal de marketing.

Con las redes sociales no se trata sólo de tener una presencia en forma de perfil o de página, se trata de construir un canal de comunicación entre tu negocio y tu cliente para mantenerlo informado de las últimas novedades y ofertas. Tampoco se trata de bombardear con todo lo que vendes.

El objetivo en las redes sociales es crear un clima favorable para la venta, brindar a tus seguidores contenidos de interés relacionado o no con tu actividad, en definitiva crear valor para que no solo seas la tienda de un producto determinado sino un sitio de referencia en el sector al que te dedicas. Tu objetivo en las redes sociales es transformar "me gusta" y "seguidores" en clientes de tu negocio en eBay.

Por otra parte existen distintas redes sociales cada una con su sistema por lo que cada una requiere una estrategia distinta pero uniforme. Si todas las redes sociales hicieran lo mismo no estaríamos en todas a la vez.

Los Community Manager definimos los comentarios que comunican una queja o un malestar como una "crisis". Detrás de todo comentario o publicación de mala publicidad se esconde un cliente insatisfecho, por lo tanto es de vital importancia tratar de reconducir esa situación y pasar de tener un cliente insatisfecho a un cliente VIP.

Comentarios de tipo "no teníamos conocimiento de su incidencia/queja, pero lo vamos a investigar/resolver..." "Rogamos disculpas, es un problema ajeno a nuestra voluntad si no más bien por la empresa de transporte pero le enviaremos otro producto..." sirven para suavizar estas "crisis" y convertir un cliente insatisfecho en un cliente VIP, como apuntaba antes.

Para que tu negocio tenga presencia en las redes sociales y empieces a crear valor y captar nuevos clientes o hacer que los que ya han comprado repitan recomiendo 2 perfiles básicos: La página en Facebook y el perfil en twitter.

¿Cómo darse de alta en twitter?

- Primero, abra su navegador habitual y escriba en la barra de direcciones http://www.twitter.es

En la zona inferior de la columna derecha veremos una sección llamada ¿Quieres unirte a Twitter? rellenamos los campos de: nombre completo, correo electrónico y contraseña; y hacemos click en el botón **[REGISTRATE]**. Esto nos llevará a un formulario para determinar nuestra contraseña y otros datos necesarios para nuestro registro:

Cuando tengamos todos los campos en verde, hacemos click en Crear mi cuenta, y automáticamente Twitter te enviará a tu correo a tu dirección, para que confirmes tu cuenta de correo electrónico.

¿Qué es un Hashtag y cómo utilizarlo?

En twitter se conoce como hashtag al texto que va precedido por la almohadilla #, de esta forma el usuario le dice a twitter que su publicación está relacionada con eso que pone en la almohadilla. Un hashtag es una etiqueta. Este sistema se utiliza porque twitter agrupa todas las publicaciones que contengan un mismo hashtag (etiqueta) y las muestra en una página distinta, así puedes llegar a más personas de forma pública y no sólo a tus seguidores o tu círculo de conocidos.

A continuación un ejemplo de los hashtag que utilizo para una foto en la que enlazo a la sección de mi página donde vendo productos y herramientas interesantes para comerciantes electrónicos. Utilizo los hashtag relacionados con el comercio electrónico.

Por otra parte no sólo utilizo hashtag en las publicaciones para vender sino también en aquellas con las que quiero crear valor publicando contenido interesante para mis seguidores y posibles clientes, publicaciones que además destaquen los valores y compromiso de tu negocio con el cliente:

La forma más utilizada para transmitir el mensaje con tus publicaciones es la de los tuits que se compongan de:

Mensaje + Enlace + Hastags

Mensaje que queremos escribir http//:www.enlace.es #Hastag1 #Hastag2 #Hastag3...

Es más fácil usar un hashtag relevante que crear un hashtag desde cero y que estos consigan relevancia. Aunque puede llegar a ser divertido crear uno con sentido del humor y que este lo empiecen a utilizar como lo de **#DiaDelSoltero** y en twitter de humor van sobrados.

Pero ¡Cuidado! Twitter solo permite 140 caracteres por publicación por lo que tienes menos que un SMS para poner tu mensaje, tu enlace y los hashtags.

¿Cómo crear una página en Facebook?

- Primero, abra su navegador habitual y escriba en la barra de direcciones http://www.facebook.es y accede a tu cuenta.
- Luego accede a https://www.facebook.com/pages y en la zona superior derecha encontrarás el botón **[CREAR PÁGINA]**

Seleccionamos el tipo de página que queremos crear adecuada a nuestro sector. Y seguimos completando como si se tratará de un perfil de facebook, sólo que es para nuestro negocio.

A continuación comparto 6 consejos que nos dejan los compañeros de wokomedia.com en esta infografía:

CONSEJOS PARA CREAR UNA PÁGINA DE EMPRESA EN FACEBOOK

Estrategia

Establece una estrategia para tu marca dirigida a tu presencia en los medios sociales. Las estrategias no están en la cabeza, se escriben en un documento. Este plan estratégico debe contar con un plan de acción dirigido en exclusiva a determinar qué publicar en cada red social.

Periodicidad

Sé constante y coherente con la estrategia que has establecido con anterioridad. Mantén un ritmo de publicación para que la comunidad que generes alrededor de la marca se sienta escuchada.

Facilidad de lectura

No utilices textos de más de 6 líneas por norma general. Incluso menos. El usuario apenas se detiene a leer más de 4 líneas. Pongámoselos fácil.

Imágenes profesionales

Por lo menos que no estén pixeladas o cumplan estándares de calidad. Por supuesto, ni qué decir de robar imágenes a otros en webs que no son de tu propiedad y que no tienen las imágenes libres de derechos.

Autopromoción

Está bien compartir las publicaciones que realicemos desde nuestro perfil personal, pero que a una marca le gusten sus propias publicaciones se da por hecho. La imagen que transmite no es buena al "autogustarse".

¡Sin olvidar los objetivos!

Estás en esta red social para conversar con tu público objetivo, pero sin olvidarnos de lo que pretendemos conseguir: branding, posicionamiento, venta de producto.

Estos son algunos de los consejos que damos a las marcas que nos solicitan ayuda a la hora de desarrollar su presencia online en las diferentes redes sociales.

Tipos de publicaciones

Bien una vez llegados a este punto, se supone que estamos en Twitter y Facebook. Ambas redes sociales son muy utilizadas por la mayoría de consumidores y sobretodo de ebayers. Pero ambas tienen características y reglas distintas, por lo tanto la estrategia de nuestro negocio debe ser distinta pero uniforme en estas redes sociales. Con una estrategia "distinta pero uniforme" es que en ambas redes sociales se tiene que identificar mi negocio de una forma uniforme y que las publicaciones deben ir la mayoría de las veces de la mano.

En la sección sobre Twitter de este capítulo vimos ejemplos de publicaciones con los caracteres limitados para los enlaces se limita el mensaje que queremos transmitir. En facebook el límite es más amplio por lo que las publicaciones te permiten profundizar un poco más en el mensaje y utilizar más hashtags:

Gestionar las redes sociales

El verdadero poder de las redes sociales reside en actualizarlas con regularidad, mantenerlas vivas, buscar la interacción, preguntar, interesarse...

Para ello yo recomiendo la herramienta de gestión de perfiles sociales llamada Hootsuite, con ella podrás gestionar de forma gratuita hasta 5 perfiles o paginas en redes sociales todo en la misma web. Una de las mayores ventajas es la posibilidad de programar publicaciones a futuro lo que te permite publicar en una hora y día específico una publicación. Esta función viene genial para ofertas y eventos.

Capítulo 6
Calendario del vendedor

Uno de los detalles a tener en cuenta en el comercio electrónico es el calendario del vendedor. Saber cuáles son las festividades del calendario nos permitirá diseñar estrategias de marketing que generan ventas.

Empezar a trabajar hallowen a finales de agosto, la navidad a finales de octubre o san Valentín a principios de diciembre... son ejemplos de información que te proporciona el calendario del vendedor. Con el calendario del vendedor tus ofertas, tus diseños y tu estrategia de venta están más meditados y trabajados.

ENERO	FEBRERO	MARZO
[6] Día de los Reyes Magos [7] Rebajas hasta fin de febrero	[14] Día de San Valentín [24] Últimos días de Rebajas	[17] San Patricio (Irlanda) [19] Día del padre (España) [20] Comienzo de la primavera
ABRIL	MAYO	JUNIO
[?] Semana Santa. [22] Día de la tierra (ecologismo) [23] Día del libro	[?] Día de la madre (España, EE.UU.)	[21] Comienzo del verano
JULIO	AGOSTO	SEPTIEMBRE
[1] Rebajas de Verano.	[25] Últimos días de Rebajas	[1-15] Vuelta al cole.
OCTUBRE	NOVIEMBRE	DICIEMBRE
[12] Hispanidad (España) [31] Halloween	[11] Día del soltero (China)	[?]Cyber Monday (EE.UU.) [25] Navidad

Tener en cuenta el calendario del vendedor para organizar tu calendario de trabajo te permitirá sacarle el máximo rendimiento comercial a cada fecha significativa del año. Recomiendo que agregues las del sector al que piensas hacerte un hueco o diseñar las propias tales como **"Martes sin IVA"**, **"Semana de la locura"** o **"día del informático"**

Por otra parte investiga y agrega a tu calendario particular las distintas festividades que celebran otros países como el cyber Monday (CyberLunes) que hacen en Diciembre en los Estados Unidos donde se centran en la venta electrónica o como el gracioso día del soltero en China.

Capítulo 7
Perfil del vendedor de eBay

¿Qué hace falta para ser vendedor en eBay? ¿Qué hace falta para tener éxito en el comercio electrónico? Parece una profesión fácil y cómoda en la que eres tu propio jefe, marcas los horarios, coordinas los tiempos y entra dinero a final de mes mágicamente.

Pues la realidad es justamente lo contrario, es una profesión en la que los tiempos juegan un papel fundamental. Ser comerciante electrónico requiere disciplina y constancia; perseverar en la lucha por aquello que quieres. No hace falta ser un alto/a ejecutivo/a o un/a amo/a de casa, a continuación definimos el perfil de un buen comerciante electrónico.

¿Cómo es el perfil del vendedor 2.0?

- *Es organizado:* La más difícil y a la vez la más necesaria característica del vendedor 2.0 es la organización. Para todo el proceso desde que quieres dar de alta un artículo hasta que el cliente ha emitido su voto, la organización es fundamental. Requiere disciplina y constancia, pero hay que trabajar esta característica si realmente queremos tener nuestro negocio bajo control.

- *Sabe lo que quiere y trabaja por conseguirlo:* La base de cualquier negocio es marcarse un objetivo, aunque ese objetivo cambiará a medida que el negocio se ponga en marcha.

- *Es inteligente:* Si entendemos la inteligencia como la capacidad de adaptación, el comerciante electrónico debe contar con una gran capacidad de adaptación ya que el mundo cambia muy rápidamente, lo que trae nuevos inventos y patentes que revolucionan los distintos sectores y puede que nos adelante nuestra competencia.

- *Sabe a qué se dedica:* A todos nos pasa cuando empezamos la aventura en el comercio electrónico que no sabemos exactamente como responder a las preguntas de a que te dedicas o que haces por internet. Es fácil, eres comerciante electrónico, vendes productos por internet.

- *Capaz de serenarse:* Ante una incidencia se crean 2 bandos enfrentados el del problema y el de la solución. El comerciante electrónico siempre está del lado de la solución con respuestas que guardan las formas y buscan solucionar lo antes posible la incidencia.

- *Amable y educado:* Cordialidad ante todo, en eBay hay muchos tipos de personas y hay quien pierde los nervios con mucha facilidad, ante este tipo de personas siempre hay que guardar las formas y mantener los buenos modales.

- *Asume el control:* Ante una transacción que se descarrila, el comerciante electrónico ha de ser el maquinista que la encarrile de nuevo.

- *Responsable y serio:* En torno al 1% de las transacciones tendrán algún tipo de incidencias y dichas incidencias implicaran volver a enviar el producto porque la empresa de portes lo ha perdido o devolver el dinero porque el cliente ya no lo necesita por exceder el plazo de entrega. Por lo que en este tipo de situaciones debemos asumir la responsabilidad y resolver el problema aunque dicha solución no sea rentable.

- *Fexible:* En la jungla de internet cada día aparecen nuevos servicios, nuevas webs, nuevos inventos... Por eso recibiremos mensajes sobre si aceptamos algún novedoso método de pago o un transportista determinado. Todos estos mensajes deben ser evaluados con calma y tratar de implementar esas nuevas apariciones al negocio.

- *Analista autocritico:* Cuando hay muchas ventas hay que analizar lo que hacemos para seguir haciéndolo y cuando hay pocas o ninguna venta hay que analizar que haremos para cambiarlo. Creer que vender mucho o poco es cuestión de suerte es un error habitual, hay muchos factores que empujan a un consumidor a comprarte y analizar dichos factores y las tendencias que generan son parte fundamental del trabajo del Comerciante electrónico.

- *Se comunica (Transmite y escucha):* La comunicación 2.0 es bidireccional, el cliente te escribe y un buen comerciante electrónico contesta enseguida confirmando que ha recibido el mensaje y está solucionando la incidencia. Si la solución se retrasa lo comunica.

- *Es eficaz:* Existen dos tipos de personas, las eficientes y las eficaces. Las personas eficientes se centran en los procedimientos, mientras que las personas eficaces se centran en los resultados. Dentro del eBay cada transacción es un mundo y no puedes tratarlas a todas por igual, por lo que tienes que centrarte en lograr el resultado de 100% de clientes satisfechos.

Capítulo 8
Perfil del comprador de eBay

En el capítulo anterior vimos cual es el perfil de un buen comerciante electrónico, en este capítulo vemos la otra cara de la moneda ¿Cómo son los clientes? ¿Qué características los unen?, ¿Qué compran? Y ¿Cómo lo compran?

Entender la mente de nuestro consumidor es lo que nos permitirá jugar con ventaja y ofrecerle productos que realmente necesitan a precios verdaderamente atractivos. Estudiando constantemente nuestro catalogo y el de nuestra competencia seremos los más fuertes del mercado.

¿Cuál es el perfil de nuestros clientes potenciales?

- *Es experto:* La principal diferencia entre el consumidor tradicional y el consumidor 2.0 es que este último se convierte en un verdadero experto de sus necesidades antes de realizar una compra. Por lo que este consumidor 2.0 está capacitado para encontrar las mejores ofertas según los filtros de búsqueda que crea conveniente.

- *Es infiel:* Uno de los concepto que quiero transmitirte a ti lector, a lo largo de este libro, es que en la jungla de internet tu competencia esta a golpe de clic y en eBay no iba a ser la excepción. Habrá gente vendiendo lo mismo que tú, en una guerra por el precio, por los portes y por el tiempo de entrega feroz. Esto es aprovechado por el consumidor para cubrir sus necesidades a muy buen precio.

- *Produce información, domina tu reputación:* El voto que emite influirá en tu reputación dentro del sistema de votos en eBay. Emite una valoración de cada transacción o grupo de transacciones que realice de forma pública y transparente por lo que otros compradores verán dichos comentarios.

- *Espera honestidad:* En el comercio electrónico no todo depende del eje comprador vendedor y desde que el pedido sale de las manos del vendedor hasta las del comprador hay muchos intermediarios en el entramado logístico de la empresa de transporte que hacen posible que tu pedido llegue a su destino. Existirán casos en los que el pedido no llegue o llegue roto y tienes que tener previsto este tipo de situaciones si quieres un 100% de clientes satisfechos.

- *Le gusta sentirse escuchado:* Sin lugar a dudas a la mayoría nos gusta sentirnos escuchados y en el comercio electrónico más todavía. Es por ello que recomiendo que un comerciante electrónico se acostumbre a leer los mensajes recibidos al menos 3 veces al día: al iniciar la jornada, a la mitad y al finalizar; Y contestar a los mensajes con la solución al menos teórica del problema incidencia. Esto ayuda a suavizar el problema/incidencia.

- *Es impaciente:* Una de las mayores barreras que existe en el comercio electrónico es la de que el producto no se obtiene de inmediato. En el caso de algunos productos la espera puede ser de días o semanas. Por esa razón tenemos que definir siempre los plazos del proceso de envío y transmitírselo al cliente.

- *Es fidelizable:* Aunque se contradiga con la característica básica de infiel que mencionamos anteriormente, el comprador 2.0 es fidelizable. Explotando las herramientas de marketing que eBay pone a disposición de los vendedores, las campañas en redes sociales y buzoneo. El comprador verá en ti un compromiso de seguridad y seriedad, por lo que tiene que ser muy buena la oferta de tu competencia para que un comprador prefiera arriesgarse con esa oferta antes que con la tuya.

Capítulo 9
Sistemas de votos en eBay

eBay se basa en un sistema de votos en el que los vendedores y compradores valoran la transacción realizada para reflejar la experiencia de ambos.

Con el paso del tiempo, los usuarios de la comunidad eBay acumulan un perfil de votos, o reputación, basado en los comentarios y votos emitidos por otros usuarios. La puntuación de votos es una de las partes más importantes del perfil de votos. Se trata del número que aparece entre paréntesis junto al seudónimo del usuario, y también aparece al principio del perfil de votos del usuario.

¿Cómo se calculan las puntuaciones de votos?

Para cada transacción, compradores y vendedores pueden valorarse mutuamente emitiendo un voto. Los compradores pueden emitir un voto positivo, negativo o neutral, así como hacer un breve comentario. Los vendedores pueden emitir un voto positivo y hacer un breve comentario.

Esas valoraciones se utilizan para determinar la puntuación de votos. En la mayoría de los casos, los usuarios reciben:
[+1] punto por cada voto positivo
Ningún punto por cada voto neutral
[-1] punto por cada voto negativo

¿Qué ocurre si compro varios artículos del mismo vendedor?

Si compras varios artículos del mismo vendedor, deberías emitir un voto por cada venta. Sin embargo, la puntuación de votos sobre el vendedor se calcula de manera distinta en función de si las ventas se realizaron en la misma semana. En el sistema de votos de eBay, la semana va de lunes a domingo y según la Hora del Pacífico de EE. UU.

Si las ventas se realizaron en semanas distintas: Cada valoración puede afectar a la puntuación del vendedor en un punto. Un voto positivo eleva el perfil de votos del usuario en un punto, y uno negativo lo reduce en un punto.

Si las ventas se realizaron en la misma semana: Elevaremos o reduciremos el perfil de votos del vendedor en un punto, dependiendo del total de votos positivos y negativos emitidos por el comprador.

- Si el vendedor recibe más votos negativos que positivos del mismo comprador en la misma semana, la puntuación del vendedor se reducirá en un punto.

- Si el vendedor recibe más votos positivos que negativos del mismo comprador en la misma semana, la puntuación del vendedor aumentará en un punto.

- Si el vendedor recibe el mismo número de votos negativos que positivos del mismo comprador en la misma semana, la puntuación del vendedor no cambiará.

¿Por qué debo votar?

Al hacer comentarios sinceros, das a los usuarios una idea realista de lo que pueden esperar en sus transacciones con otros usuarios. Emitir un comentario es también una manera de expresar tu aprecio por el trabajo bien hecho. Finalmente, si eres comprador, puedes ayudar a difundir el nombre de un vendedor que te guste y, si eres vendedor, es una forma de reconocer y premiar a los clientes fieles, lo que les animará a volver a comprar artículos tuyos.

¿Debo emitir votos neutrales o negativos sobre un vendedor?

Los comentarios de los votos pasan a formar parte permanente del historial del vendedor. Anima a tus compradores a ponerse en contacto con tu vendedor para resolver un problema antes de que emita un voto neutral o negativo. Motiva a que sus comentarios son justos y veraces, y están relacionados con la transacción sobre la que se le pidió que votara.

Cuando un usuario queda suspendido eBay eliminará cualquier voto negativo o neutro que haya dejado ese usuario.

Voto más detallado

Como comprador, podrás valorar al vendedor en cuatro aspectos adicionales: descripción del artículo, comunicación, tiempo de envío y gastos de envío y manipulación. Estos votos no cuentan para la puntuación de votos del vendedor.

Las valoraciones detalladas sobre un vendedor procedente del mismo comprador se cuentan del mismo modo que los votos: sólo se incluye una por semana en la puntuación de votos del vendedor.

La letra pequeña

Sólo pueden votar los usuarios registrados. Los compradores deben esperar un mínimo de 7 días para emitir votos negativos o neutrales sobre un PowerSeller que lleve registrado en eBay al menos 12 meses.

En algunos casos Ebay se reserva el derecho de eliminar los votos.

Si se suspende a un usuario, eBay eliminará los votos negativos o neutrales que éste haya emitido. eBay también eliminará los votos emitidos por un comprador si considera que éste no ha pagado el artículo de esa transacción en el plazo apropiado.

Capítulo 10
Consejos para comprar con seguridad

Existen una serie de consejos que los compradores y vendedores seguimos y fomentamos para un correcto desarrollo de las transacciones electrónicas. Estos consejos sirven a los usuarios para evitar ser engañados o estafados con productos que no son lo que parecen.

Conocer como vendedores estos consejos nos hará fomentarlos y recomendarlos para evitar que nuestro clientes o clientes potenciales puedan ser engañados por otros que posiblemente ofrezcan lo mismo que nosotros a buen precio pero sea una estafa.

- *Revisa la conexión y su color:* comprueba que se trata de una conexión segura, es decir, que la información viaja cifrada de tu equipo a la web en la que quieres comprar. Para comprobarlo, revisa que la URL comienza con https://. Algunos navegadores también incluyen el icono de un candado en la barra de direcciones junto al protocolo https://. Debes fijarte en el color de ese candado. Cuando el candado sea rojo, significará que el certificado está caducado o no es válido. Si es amarillo significa que la autenticidad del certificado no se puede verificar. Y por último, el blanco indicará que el certificado tiene una validación normal y el verde será muestra de una validación ampliada.

- *Fíjate en los datos de la empresa vendedora:* verifica que el domicilio social y el número de teléfono de la empresa vendedora sean reales por si ésta tuviese que responder ante cualquier duda o problemas. Además, no olvides revisar la reputación del vendedor a través de la opinión y valoración de otros usuarios.

- *Lee la letra pequeña de lo que compramos:* lee con atención la información del producto, en ocasiones, la "letra pequeña" indica que éste es un producto usado o con algún tipo de tara, o bien que hay que pagar gastos extra por gestión o por envío.

- *Asegúrate del precio exacto:* compara el precio en diferentes plataformas, si un mismo producto aparece en una web con un precio muy inferior al resto, desconfía. Puede ser un producto falsificado o en mal estado.

- *Comprueba que tus datos no se registran públicamente:* revisa la política de privacidad del site y verifica qué datos personales van a recopilar, dónde los van a almacenar y para que los van a utilizar. Si la web carece de política de privacidad, considera hacer tus compras en otro lugar.

- *Cerciórate de que podemos devolverlo o cambiarlo:* no olvides leer la política de cambios y devoluciones de la empresa emisora.

- *Cuida las contraseñas que pones:* en muchas ocasiones es necesario estar registrado para poder comprar. En esos casos, pon una contraseña diferente a la que tengas en tu correo electrónico o perfiles sociales. Utiliza una contraseña exclusiva para estar más protegido.

- *Utiliza Paypal:* no envíes tu información financiera por email ni hagas transferencias o pagos en efectivo. Paga siempre a través de la tarjeta de crédito o débito, o mediante plataformas como Paypal.

- *Atiende a la red Wi-Fi pública desde donde te conectas:* recuerda que no debes realizar actividades importantes (compras o movimientos bancarios) si te conectas a través de una red Wi-Fi pública, ya que cualquier persona puede controlar la información que se transmite entre tu ordenador y la zona Wi-Fi si la conexión no está encriptada.

Capítulo 11
Problemas con un comprador

En cualquier tipo de negocio pueden surgir problemas y malentendidos. Y en eBay no iba a ser menos, vendedores que omiten algún detalle importante para la descripción del artículo, empresas de envíos que pierden el paquete o clientes que no leen toda la descripción antes de realizar un pedido.

Si has recibido un voto neutro o negativo, puedes responder al voto que recibiste. Las respuestas aparecen debajo de la valoración y el comentario originales. Si añades una respuesta educada permitirás que sean los otros usuarios quienes juzguen la situación por ellos mismos cuando consulten tus votos.

Si crees que el voto pudo haber sido emitido por error o ya has solucionado el problema con el comprador, le puedes solicitar una revisión de votos. El comprador tiene un plazo de 10 días para aceptar y revisar el voto o para mostrar su desacuerdo y dar un motivo.

La extorsión en las votaciones consiste en amenazar con emitir un voto negativo o neutral sobre otro usuario a menos que este proporcione bienes o servicios que no estaban incluidos en el anuncio original.

eBay no permite la extorsión en las votaciones y tomaremos las medidas oportunas contra los usuarios que infrinjan nuestra política sobre la coacción en las votaciones.

Recuerda: siempre mantener las formas, responder con amabilidad/educación y siempre buscar una solución a la incidencia/conflicto...

Capítulo 12
Abrir un caso por impago de un artículo

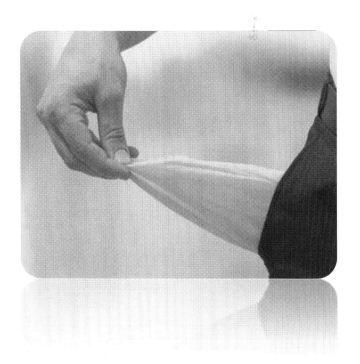

En algunas ocasiones te encontraras con que el comprador ha iniciado un proceso de compra que no ha concluido. Esto en comercio electrónico se conoce como carrito abandonado y debemos trabajarlo como tal. El problema de los carritos de la compra abandonados en eBay es que la comisión por venta realizada la cobran en el momento en el que el cliente confirma la compra de un artículo y no cuando lo paga.

El cliente se ha sentido interesado por uno de tus artículos y una vez ha confirmado la compra no ha realizado el pago de forma automática y esto puede deberse a varias razones: posiblemente no comprobó las formas de pago disponibles o no disponía de fondos en su sistema de pago habitual, entre otras.

¿Qué hacer cuando un comprador no paga?

Si no has recibido el pago una vez transcurridos 4 días, esto es lo que debes hacer:

1. Hablar con el comprador.

Si han transcurrido un par de días desde que un comprador ganó tu artículo y todavía no has recibido el pago, contacta con el comprador y averigua si va a pagar el artículo o si lo ha intentado.

2. Resolverlo en nuestro Centro de resolución.

Si no puedes resolverlo directamente con el comprador, puedes abrir un caso de impago de artículo en nuestro Centro de resolución.

o   *Los plazos son importantes*

Puedes abrir un caso de impago entre 4 y 32 días después de la venta si no has recibido el pago del comprador

Una vez abierto el caso, el comprador tiene 4 días para hacer el pago. Durante este periodo el comprador puede contactarte para pedirte una ampliación del plazo de pago o para intentar llegar a otro acuerdo. Naturalmente puedes acceder a su petición pero no estás obligado a llegar a ningún tipo de trato especial.

Cuando un comprador gana un artículo o utiliza *¡Cómpralo ya!*, está obligado a completar la compra.

Si el comprador no paga en el plazo de 4 días, el vendedor puede abrir un caso por impago de artículo. Si el comprador sigue sin pagar y tampoco llega a ningún acuerdo con el vendedor eBay puede anotar el impago de ese artículo en la cuenta del comprador.

Cuando un caso se cierra sin que el comprador pague, el vendedor puede recibir el reintegro de la **comisión por venta realizada**.

Capítulo 13
devoluciones

En todo comercio existen las devoluciones, el cliente no está conforme con la transacción que ha realizado y devuelve el artículo. Esto además está regulado por ley en algunos países. En el caso de España hablamos de unos 15 días.

La mayoría de usuarios en eBay suelen meditar mucho antes de hacer una transacción y por ello están seguros, antes de realizar cualquier compra, de realmente necesitar el producto en cuestión. También hay artículos, como la ropa interior, exentos de este tipo de condiciones.

Política de devoluciones

Una política de devoluciones clara da confianza a los compradores

Si cuentas con una política de devoluciones clara para tus artículos, es muy probable que vendas más que otros vendedores de eBay. Los estudios de eBay demuestran que la _"dificultad para devolver un artículo"_ es el principal obstáculo para comprar según los compradores. Por tanto, los vendedores que explican de forma detallada su política de devoluciones en sus anuncios, tienen una ventaja competitiva. Normalmente, venden un mayor porcentaje de los artículos que ponen en venta que los vendedores que no cuentan con una política de devoluciones clara.

La razón es obvia: los compradores confían más en los vendedores que ofrecen una política de devoluciones. Nuestros estudios también demuestran que se devuelve únicamente un pequeño porcentaje de los artículos vendidos. Una política de devoluciones clara puede contribuir a aumentar tu porcentaje de ventas.

Los vendedores de eBay deben especificar una política de devoluciones cuando ponen en venta sus artículos, incluso si no aceptan devoluciones. Si no especificas una política de devoluciones, eBay seleccionará una política estándar para tus anuncios.

Nota: los vendedores deben aceptar la devolución de un artículo si eBay determina que el artículo es muy distinto de como se describía en el anuncio.

Opciones para la política de devoluciones

Si aún no tienes una política de devoluciones clara, considera estas opciones para aumentar tus ventas:

- _Reembolso alternativo:_ por ejemplo, se aceptan devoluciones del total del importe pagado, en efectivo o con un vale de compra.

- _Satisfacción garantizada al 100%:_ por ejemplo, se aceptan devoluciones sin tener que indicar ningún motivo.

- _Límite de tiempo:_ por ejemplo, se aceptan devoluciones en un plazo de 30 días desde la entrega del artículo.

- _Gastos de devolución gratuitos_: por ejemplo, el vendedor paga los gastos del envío de los artículos que se devuelvan.

Indica los detalles por adelantado

Explica tu política de devoluciones de forma detallada para que los compradores conozcan sus opciones en lo que respecta a la devolución de artículos. Considera la posibilidad de incluir detalles como los que aparecen a continuación, para que tu política de devoluciones sea más clara:

- *Límites de tiempo:* indica de cuánto tiempo dispone el comprador para devolver el artículo desde que lo recibe. Mínimo de 14 días como período en el que el comprador puede cancelar la transacción y pedir un reembolso. Para más información consulta la directiva de la Unión Europea sobre devoluciones.

- *Tipo de devolución:* indica si ofreces un reembolso del dinero, un reembolso de la mercancía o un cambio por un artículo igual.

- *Gastos de envío y manipulación:* indica claramente quién paga los gastos de envío y manipulación generados por la devolución, si tú o el comprador.

- También puedes incluir *detalles adicionales* sobre tu política de devoluciones, por ejemplo: Tarifa de reposición de existencias: indica si cobras una tarifa de reposición y, en ese caso, a cuánto asciende.

- *Estado del artículo:* indica claramente en qué estado debe devolverse el artículo, por ejemplo, "caja sin abrir" o "caja abierta con todos los artículos originales".

En sus marcas, listos, ¡A vender!...

Made in the USA
Charleston, SC
22 January 2015